大学城新论

名家讲座

主 编 刘 颖

深圳·大学城新论·
名家讲座

SHENZHEN · DAXUECHENG XINLUN ·

MINGJIA JIANGZUO

深圳·大学城新论·名家讲座 5 第五辑

哈爾濱工業大學出版社
HITP HARBIN INSTITUTE OF TECHNOLOGY PRESS

图书在版编目(CIP)数据

深圳·大学城新论·名家讲座·第五辑/刘颖主编
.—哈尔滨:哈尔滨工业大学出版社,2023.3
ISBN 978-7-5603-9235-6

Ⅰ.①深… Ⅱ.①刘… Ⅲ.①社会科学-文集 ②自然科学-文集 Ⅳ.①Z427

中国版本图书馆 CIP 数据核字(2020)第 268013 号

策划编辑 李艳文 范业婷
责任编辑 付中英
封面设计 黄 维 李丝思
出版发行 哈尔滨工业大学出版社
社 址 哈尔滨市南岗区复华四道街 10 号 邮编 150006
传 真 0451-86414749
网 址 http://hitpress.hit.edu.cn
印 刷 哈尔滨市石桥印务有限公司
开 本 787mm×960mm 1/16 印张 11.5 字数 197 千字
版 次 2023 年 3 月第 1 版 2023 年 3 月第 1 次印刷
书 号 ISBN 978-7-5603-9235-6
定 价 68.00 元

《深圳·大学城新论·名家讲座》(第五辑)

序

站在深圳学术领域的制高点，创建于2001年的深圳大学城，一直承担着抢占战略性新兴产业制高点、推动深圳高等教育跨越式发展的重大历史使命。片区内汇聚了清华大学深圳国际研究生院、北京大学深圳研究生院、哈尔滨工业大学（深圳）、中国科学院深圳先进技术研究院、南方科技大学、深圳大学（新校区）、国家超算中心深圳分中心等一流高等院校和科研机构。深圳大学城的创建填补了深圳高水平大学的空白，也为我国高等教育体制改革提供了极其宝贵的经验。经过多年的发展，深圳大学城已成为深圳教育强市建设的重要力量，是深圳城市发展的智力之源，在科技创新、人才培养、文化引领等多个方面，为深圳的发展做出了不可替代的巨大贡献。在新的历史时期，深圳大学城也必将勇挑重担，砥砺前行再出发，为深圳建设中国特色社会主义先行示范区提供引擎和支撑。

深圳大学城各驻城高校承继校本部优良文化，融合深圳创新精神，不断滋润培育出务实创新、充满活力的前沿学术文化，并成为深圳新型文化的萌芽地。深圳大学城管理办公室积极打造学术文化平台，"深圳·大学城新论·名家讲座"作为深圳大学城管理办公室创设的高端学术文化传播平台，承担了将深圳大学城内的前沿学术文化向城市辐射的职能。多年以来，众多的学术名家做客"深圳·大学城新论·名家讲座"，数万名群众在此了解到当代各学科领域的新思想和新前沿，在交流碰撞中不断擦出新的思想火花。

如果说时光匆匆会带走一切，那书籍就是时光最美丽的留影。讲座的空间和时间固然有限，但书籍却可以将有限变成无限。每一年，我们都会将讲座汇集整理出版，将来自各领域名家的声音和讲座中的思维碰撞，完整地在书中呈现出来。我们希望本书传达的不仅仅是讲座的精彩内容，更希望能展示诸位名家无止境探索、创新的精神，为深圳乃至全国创新精神的打造尽一份力量。

刘　颖

2020 年 2 月

前　言

深圳大学城是全国唯一经教育部批准、由深圳地方政府联合著名大学共同创办、以培养全日制研究生为主的研究生院群，旨在实现深圳高等教育跨越式发展。自 2001 年创建以来，深圳大学城得到政府和社会的大力支持，积聚了大量的优质师资力量。为使大学城的优势资源为社会所知所用，深圳大学城管理办公室于 2010 年 12 月开始创设"深圳 · 大学城新论 · 名家讲座"。为了使本讲座的新思想、新观念让更多人获益，深圳大学城管理办公室决定将该讲座内容整理成文并结集出版。

清华大学原副校长关志成教授，著名经济学家、北京大学原副校长海闻教授，清华大学深圳国际研究生院执行院长高虹教授，哈尔滨工业大学（深圳）副校长姚英学教授，中国科学院院士、哈尔滨工业大学（深圳）魏奉思教授，美国工程院院士、斯坦福大学鲍哲南教授等众多海内外学术界、文化界知名人士都曾做客"深圳 · 大学城新论 · 名家讲座"，在这里分享了前沿学术成果，分析了当前主要的社会热点问题。自举办至今，"深圳 · 大学城新论 · 名家讲座"共举办百余场，数万名听众在这里了解到当代各学科领域的新思想，同时也碰撞出了各种思想火花。

然而由于时间、空间等条件的限制，每次能到现场聆听讲座者总是有限。为了使本讲座的新思想、新观念让更多人获益，深圳大学城管理办公室决定将该讲座的内容整理成文字并结集出版。

本辑为"深圳 · 大学城新论 · 名家讲座"系列的第五辑，收录了 2017—2018 年举办的"深圳 · 大学城新论 · 名家讲座"中 9 位主讲人的讲座实录，内容涉及自然科学、社会科学、人文艺术等。包括深圳市国家气候观象台李磊研究员解读《气象与深圳大气环境》，揭示深圳灰霾天气历史演变的成因，提出深圳微气候调节和大气环境改善的可能措施；深圳大学刘军教授分享《商业模式创新漫谈》，通过精彩的创新案例解析,探讨商业模式创新的奥秘;北京大学汇丰商学院黄海峰教授的《论经济转型与绿色领导力》,阐述经济发展过程中,如何建立绿色发展、低碳发展和循环发展的绿色转型模式;浙江大学潘立勇教授解读《审美与休闲的人生境界》,休闲使社会更和谐,审美使生活更美好;清华-伯克利深圳学院刘碧录副教授分享《消失的维度:低维度材料的奇异特性及应用前景》,介绍材料科学领域的历史、发展以及奇异特性和应用前景;等等。

回顾过往,我们有欣慰,但更多的是任重而道远的担当。面对受众需求日趋多元,未来我们要做的工作还很多。在深圳大学城管理办公室领导的鼎力支持下,我们将不遗余力地邀请名家大师做客“深圳·大学城新论·名家讲座”,进一步提升讲座的质量,让更多的受众从中受益。

我们衷心地希望广大读者对本辑“深圳·大学城新论·名家讲座”提出宝贵的意见和建议,我们也将尽最大的努力把“深圳·大学城新论·名家讲座”办得更好,使之成为汇聚“名家智慧、名家成果、名家新论”的学术殿堂。

《深圳·大学城新论·名家讲座》编委会

2022年12月

目　　录

休闲时代已全面来临,社会的功能已从外在的以物质生产为本转向内在的以生存享受为本,真正落实以人为本的社会目标必须重视人的生活品质问题。生活品质既受外在物质条件和社会环境制约,也与内在的感受系统和体验境界相关。学会聪明地休闲、把握生存的审美境界,不但能提高个人的生活品质,也是建设和谐社会的精神基础。

讲座将带领大家更好地理解审美与休闲对人生幸福和社会和谐的积极意义和内在价值,能以欣然之态做所爱之事,学会聪明地用闲,快乐地生活,提升生命的觉解和人生的境界。

人类的文明离不开材料科学的发展,而材料科学的高速发展也推动了人类文明的不断前行。日常生活中材料随处可见,而当材料的维度(如长度、宽度、厚度)逐渐变小直至几近消失时,它们又会表现出什么样的奇异性质和应用前景呢?本讲座从材料科学与工程、低维材料和嘉宾正在从事的材料科学研究三方面,科学严谨而又生动形象地介绍了材料科学领域的历史、发展、以及奇异特性和应用前景。

在纪念改革开放四十周年之际,在歌颂深圳三十多年巨大成就的同时,也要思考为什么深圳科技事业能如此发达?为什么深圳民营高新企业能如雨后春笋般不断冒尖?为什么深圳在中国城市群中实力排名不断超前?为什么深圳没有被边缘化?……嘉宾结合自己在深圳的亲身经历,在教学中获得的经验,以及深圳企业成功与失败的真实案例,从创业及创业教育的细分角度和大家共同探讨回答有关创新创业的问题。

随着新一代信息技术的快速发展,计算机的数据处理能力得到了大幅提升,大数据的价值得以展现。随着智能终端和传感器

气象与深圳大气环境

主讲人:李磊

讲座时间:2017 年 5 月 13 日

讲座地点:深圳大学城图书馆四楼 413 报告厅

主讲人简介

李磊,博士,研究员级高工,深圳市国家气候观象台副台长,深圳市地方及高层次领军人才,中国气象学会城市气象专业委员会委员。现主要从事城市气候、大气环境等领域的研究,主持国家自然科学基金 2 项、国家重大研发专项(青年项目)1 项,发表科技论文 40 余篇,获省部级科技进步奖 2 项。

主要内容

本讲座解析气象条件与深圳市城市大气环境的关系,揭示深圳灰霾天气历史演变的成因,提出深圳微气候调节和大气环境改善的可能措施。在此基础上进一步阐述从宏观城市规划到微观个人生活,深圳市民可以为改善城市大气环境所做出的努力。

一、引言

在开始进入我们的内容之前,我们可以先来重温一首古诗,这首诗是唐朝王维写的《送元二使安西》:“渭城朝雨浥轻尘,客舍青青柳色新。劝君更尽一杯酒,西出阳关无故人。”这首诗非常生动,真切地描写诗人对他朋友即将离去的不舍以及深深的祝福。但是作为一个从事大气环境研究的工作者,这首诗的头一句特别让我关注,“渭城朝雨浥轻尘”,它描述的是在早上出现的一场雨把整个城市的尘埃荡涤干净，得到了非常清新的空气。

讲完这首诗，我们可以再来看看大家所熟知的童谣《小燕子》。这首歌的歌词是："小燕子，穿花衣，年年春天来这里，我问燕子你为啥来，燕子说，这里的春天最美丽。"然而，为大家所不熟知的歌词是后面的一部分："今年这里更美丽，我们盖起了大工厂，装上了新机器，欢迎你长期住在这里。"看到这个歌词的时候，我不禁想你有没有考虑过燕子的感受？大工厂是冒烟的，并不适合燕子居住啊！但是仔细回顾一下这首歌的时代背景，那是1956年，当时物质文明还不发达，物质财富也不够多，在那个年代凡是能够创造物质财富的，我们都认为它是美的。

新中国成立以来，经过几十年的发展，到现在，我们已经进入一个什么样的状态？习近平总书记在党的十八大以后曾经对金山银山和绿水青山的关系做过非常明确的阐述，他提出："我们既要绿水青山，也要金山银山。宁要绿水青山，不要金山银山，而且绿水青山就是金山银山。"这种阐述其实体现了党中央对"民有所呼"的"我有所应"，它强调的是在物质文明高度发达的今天，我们要逐渐找回对绿水青山的初心。

因此，可以看到，整个中国对大气环境的认识从不同时代逐渐演变至今，有这样一个渐进的过程——古代我们不太关注环境，我们不知道环境污染是什么东西，无须刻意，一场雨即可带来清新与干净的空气。新中国成立以后，由于对物质财富的追求，我们把工业文明视为美丽的象征。

二、气象与大气环境的关系

让我们回到深圳，2011年世界大学生运动会期间整个深圳的空气非常洁净，始终是蓝天白云的景象，现在在全国广为人知的"深圳蓝"前身便是所谓的"大运蓝"；然而大运会结束之后，却接连6天都出现灰霾日。那时就有市民问："大运蓝是不是政府造出来的？"如果是的话，为什么只有在大运会期间我们才把"大运蓝"呈现出来，而大运会一结束我们就不控制污染了？

为了回答这个问题，我们对灰霾转折如此剧烈的成因做了一个分析，发现这完全是一个巧合事件。在大运会期间，影响深圳的气团全部来自于海上，海上洁净的空气中很少有污染物，是影响深圳当时空气质量的主要原因；而大运会结束之后，风向刚好变为偏北，所以影响深圳的气团全都来自于内陆，大家知道珠三角的腹地有很多污染企业和密集的交通排放，来自内陆的气团带来大量的污染物，从而给深圳带来连续6天的灰霾天，所以我们认为气象条件是灰霾天气转折的一个重要原因。

(一)大气污染的定义

按照世界卫生组织的定义，大气污染是室外的大气中若存在人为造成的污染物质，其含量与浓度及持续时间可引起多数居民的不适感，在很大范围内危害公共卫生，并使人类、动植物生活处于受妨碍的状态。我们知道火山爆发、沙尘暴也可以达到同样的效果，但由于它不是人为造成的污染物，而世界卫生组织更关注的是由于人类活动造成的污染。

按照我国《环境空气质量标准》，用AQI(空气质量指数)评价我们国家的空气质量，它分别监测 SO_2、NO_2、PM10、PM2.5、CO以及 O_3 这6种污染物的浓度。根据浓度相应级别形成综合指数，最后把空气质量分为优、良、轻度污染、中度污染、重度污染、严重污染，其中前3种污染物是在旧版本的国标中既有的，而后面3种是最新的国标中新加入的。大家尤其关注PM2.5，PM2.5是指空气动力学直径在2.5微米以下的细颗粒物，因为它直径实在太小(人类头发的直径是70微米，而PM2.5是2.5微米以下)，所以它可以深入到呼吸道下端乃至于肺部，从而对人体造成持续且比较严重的伤害，因此PM2.5广受关注。

(二)霾与PM2.5

按照中国的有关行业标准，霾被定义为一种天气现象，术语叫作视程障碍现象。按照气象行业有关标准："悬浮在空气中的细粒子造成的大气水平能见度小于10千米的现象称为霾。"还有一种视程障碍现象是雾，那么雾和霾的区别是什么？简单来说，雾是悬浮在大气当中细微液态的水滴，霾是固态的微粒，按照大气当中的相对湿度来划分，凡是相对湿度低于80%的时候，水汽不够多，可认为大气当中视程障碍主要是由固态粒子造成的，就是霾；如果相对湿度大于95%，存在水汽过饱和，就有形成雾的可能性，在二者之间是雾霾混合物。现在有一个更形象的比喻，我们在城市地区可以这么说，霾是干饭，米粒比较多，雾和霾是稀饭，轻雾或者雾就是水。现在我们在中国城市地区，基本上很难找到像过去江南水乡那样的纯雾，大多数是雾霾混合物，当前也有专家对雾霾的提法很反感，认为要么是雾，要么是霾，因为固态和液态是截然不同的物质存在形态，但我认为雾霾混合物往往是影响我们中国城市大气环境的主要因素。

霾属于气象与环保管理的交叉地带。首先我们要承认,霾是一种视程障碍的天气现象,它在古语中是天上下土的意思,说明古已有之。但现在的霾和过去的霾完全不一样,现在的霾是大气污染现象,里面包含大量的硫酸盐、硝酸盐等固态颗粒,这些化学成分大多是人类排放到大气中的。

灰霾与 PM2.5 是什么关系? PM2.5 是非常细微、直径非常小的固态粒子,单个灰霾粒子用肉眼很难看到,但是当 PM2.5 足够多的时候,它所形成的光学散射的综合效应就会在城市形成烟雾的状态,阻挡你的视线,在香港地区灰霾有一个更好听的名字——“烟霞”。

(三)污染源

污染构成的要素首先是污染源,一定要有污染源,要有人类活动排放所造成的污染物,包括工业污染、交通污染、生活污染。深圳市人居环境委曾经对深圳污染源构成做过一些解析,分析哪些是造成深圳灰霾的主要污染源。他们发现2009—2014 年污染源的构成发生很大变化,在 2009 年的时候工业源占 23%,但是在 2014 年工业源已经急剧下降,而机动车贡献率从 2009 年的 31% 增加到 2014 年的 41%。为什么要对污染源做解析?那是因为只有把污染源种类和它们的贡献率是多少弄清楚,才能有针对性地采取一些措施治理我们的大气环境。

(四)污染气象条件

除了污染源以外,大家知道污染排放天天都有,因为汽车每天都在跑,为什么有的时候会产生霾,有的时候不会产生霾,这就是污染过程的外因——气象条件。容易造成污染的气象条件第一个是弱风,正如强劲的风能够尽快把污染物快速输送远离,令污染物不易累积,弱风容易让污染物累积。

第二个是弱湍流,湍流是相对于层流而言的一个概念,大气是一种流体,凡是流体都存在黏性,当流体在低速运动的时候,它的流动非常有规律,不会混乱,但是当它的速度和特征尺度超过一定量级之后,它就会由层流变为湍流。湍流的作用是什么?如果我在流体里排放一个体团,它在层流当中可能长时间维持其体积,而到了湍流中它会快速扩散,因此湍流主要是影响扩散,它扩散的体积越大,它的浓度就越低。

第三个是逆温层,逆温层是指上层空气比下层空气温度高,这种情况不易产生对流。地表受到太阳辐射以后,温度会上升并会加热近地面的大气,大气一加热,密度就会减小，密度减小就会往上走，形成对流。然而在一些很特殊的情况下，例如冷锋来的时候，暖气团由于密度比较小，会被冷气团抬上去，这个时候上边热，下边冷，对流就会被抑制，近地层的污染物就不会往高处输送。

因此，一个污染源再加上不利的气象条件，综合作用就形成大气污染事件，关于不利的气象条件有一门科学，在大气科学里叫污染气象学。

三、深圳的城市化与大气环境

（一）深圳的快速城市化及对气候的影响

深圳自改革开放以来所经历的城市化进程，是全世界的奇迹。在短短 30 多年的时间内，大量原有的自然植被被城市建成区所覆盖。

把深圳与香港的情况做一下对比，1979—2013 年间，深圳 GDP 的复合增长率是 31.64%，而香港只有 9.47%。在人口方面，到现在深圳实际管理人口在 2 000 万左右，已经是世界超级都市，而香港只有 700 多万。在这种快速城市化的影响下，我们城市的平均气温升高非常显著，高温日数的增加也十分明显。统计表明，城市化对深圳气温变率贡献率超过 80%，香港只有 42%，更多的高温日、更热的天气意味着夏季需要消耗更多的能量来营造相对舒适的环境，从而形成了恶性循环。

在大的气候背景下，深圳的污染气象条件也有自己的特点。首先，高密度城市的不断发展，导致近十几年风速不断减小。其次，深圳因为地处海边而存在着明显的海陆风环流，在白天陆地升温比较快，比海洋要热，陆上空气密度变小，形成上升气流，大气的连续性又导致陆上的气流需要从海上弥补过来，从而形成海风。在夜间，情况则正好相反。这意味着白天通过对流输送出去的污染物，到了夜间又会输送回来，当没有背景气流例如强冷空气横扫深圳时，海陆风所主导的环流就极易造成污染（图 1）。再次，人类活动会消耗能源，这些能源最终都要以热量的形式排放到大气当中，进一步加剧了城市污染气象条件的复杂性。

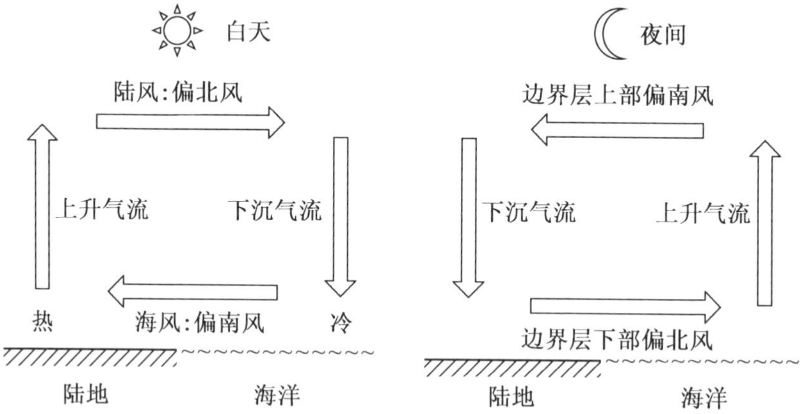

图1　海陆风示意图

（二）深圳灰霾日数的变化

在深圳气候变迁的背景下，在污染气象条件的特征下，深圳的灰霾日数又有什么样的变化情况？图2给出1979—2012年深圳灰霾日数变化的情况，由图可知，深圳在20世纪80年代初期每年只有一两个灰霾日；进入80年代后期以后，灰霾日急速上升；到90年代的时候每年有100天左右的灰霾日，并进入平台期；进入2000年之后灰霾日数又急速上升，但从2004年之后又震荡下降。所以，在过去30多年，深圳灰霾日数经历了从恶化到好转的过程。

（三）深圳灰霾日数与产业结构关系

那么深圳的灰霾日数为什么会经历先恶化再好转的过程呢？首先分析一下深圳灰霾日数与人均GDP的关系（图3），我们发现，这个曲线非常符合环境库兹涅茨曲线，当人均GDP在最初由比较低值开始往上升的时候，灰霾日数会逐渐增加，随着GDP的增加而增加；当达到一个顶点之后，随着人均GDP进一步上升，灰霾日数会下降。深圳市的情况已经形成这条曲线，并且已经过了这个拐点，我们有理由相信，随着深圳市经济进一步发展，灰霾日数还会进一步减少。

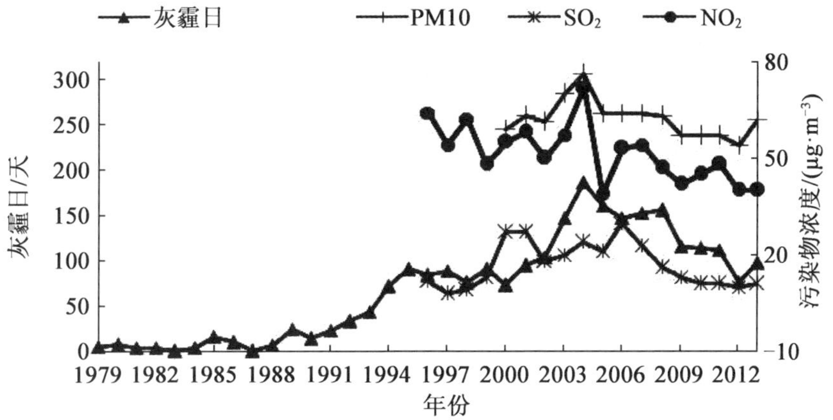

图2　深圳市灰霾日数和几种主要污染物年均浓度变化
（数据来自深圳市气象局和深圳市统计局）

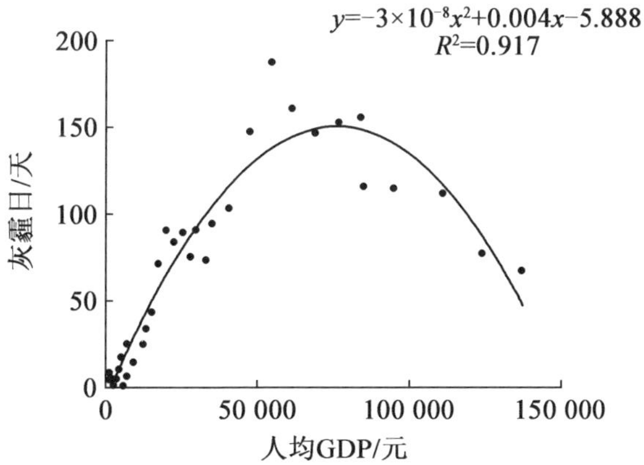

图3　深圳市的环境库兹涅茨曲线

大家知道，当前深圳第一产业基本上是0，第二产业是工业，第三产业是服务业。我们把它们的比重做了时间序列的解析，可以发现，工业在历史上有三个峰值，最后一个峰值出现在2004年前后，达到这个峰值之后它的比重便持续下降，而服务业则是持续上升的状态（图4）。我们不难猜测，灰霾日数变化趋势的转变与这次峰值达到之后,工业比重的下降是有关系的。我们同时发现,深圳主要的工业烟尘、粉尘以及工业 SO_2 的排放也是在 2004 年前后达到峰值。更巧合的是,同样是工业,从 2005 年开始,高新技术产业的占比有飞速提升,大概提升了 10 个百分点。

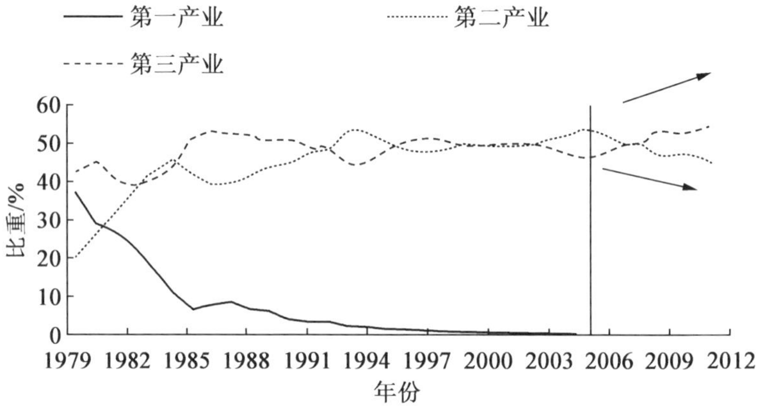

图 4　深圳市不同产业比重的变化情况

种种迹象表明,2004—2005 年确实是一个很特殊的时期,那段时间内发生了那么多事情,导致深圳灰霾日数在达到峰值后有了一个显著的下降趋势。

(四)深圳灰霾日数与产业政策关系

我们已经知道了 2004 年是一个特殊的年份,但是我们并不太知道 2004 年前后的变化是什么原因导致的。在社科领域专家的帮助下,我们回顾了深圳市在发展历程中的产业政策变化历史。

我们发现,在 1985 年之前深圳基本上是搞基建、打基础,这时候工厂还没有大规模建成,所以谈不上工业排放,那时候污染来源主要是建筑粉尘。在 20 世纪 80 年代中期至 90 年代中期,深圳积极开展"三来一补",这对现在的我们来说是非常陌生的名词,在当时意味着来料加工、来样加工、来件装配、补偿贸易等等,"三来"会造成大气污染物排放加剧,从而导致在此期间灰霾日数急剧上升。

到了 90 年代中期,我们已经注意到大气环境问题比较严重,深圳市政府逐渐停止了"三来一补",把低端的产业慢慢往珠三角腹地甚至向内陆地区转移,但是总有一些库存、产能需要消化,所以灰霾日数稳定维持。到了2000年,我们迎来的一个特别重大的事件就是进入WTO,汽车的价格因此降了下来,大量的汽车开始出现在珠三角地区,所以汽车尾气开始逐渐成为城市的主要污染源。

除此之外,之前淘汰的"三来一补"企业有很多转入珠三角腹地的其他地区,所以污染源在整个区域还是存在的,而我们又增加了汽车的污染,因此灰霾日重新进入急剧上升的态势,到2004年达到180多天。我还专门查阅了2004年前后互联网上关于深圳灰霾的报道,那时的市民非常关注大气环境问题,认为深圳的空气太脏了。

从2004年之后,随着产业结构的优化,新兴产业逐渐升级发展,深圳的灰霾日迎来了逐渐下降的过程,到2015年的时候只有35天。这就是从政策上解读为什么深圳的大气环境会有这样的变化,进而我们提出一个观点,产业政策与配套的环境政策是深圳灰霾日数变迁的第一驱动力。

此外,我们不得不提及深圳市的环保工作者为治理大气环境所做出的非常卓越的贡献。在2014年,深圳机动车的污染贡献率是41%,深圳市人居环境委员会在2014年提出了黄标车淘汰、产业升级、液化天然气燃料替代等措施。要知道,一辆黄标车造成的污染往往比二三十辆家用小轿车都要严重。在过去几年当中,深圳淘汰黄标车数十万辆,极大地提升了空气的洁净程度,减少了污染源。特别值得一提的是港口船舶,一般市民不太理解它为什么污染贡献率达到11%。事实上,船舶不像汽车,它烧的是重油,所以会排放很多污染物,尤其在近岸的时候,污染物会随着海风进入深圳市域范围内,所以船舶是很重要的一个污染源。为此,深圳市人居环境委员会提出了很多有针对性的措施,比如说要求船舶在港口就不要通过内燃机发电,而改用岸上提供的电——只要不发动内燃机就不会排放污染物;同时,还建议船舶在进入近岸地区后把重油换成轻油。

(五)局地污染——深圳大气污染的新特征

前面已经讲到由于深圳市产业结构的及时调整、产业政策的有力驱动,使得深圳的大气环境在2004年前后发生显著改变,灰霾日数显著下降。在大气环境大趋势已经改变的态势下,我们要问一个新的问题:当前大气污染有着什么样的新特性?统计数据表明:第一,深圳首要的污染物从过去单纯以PM2.5为主,逐渐改变为PM2.5和臭氧并驾齐驱;第二,过去大范围、大区域的污染在逐渐减少,更多的大气污染以局地污染的形式产生。局地污染是相对于区域污染的一个概念。2016 年 12 月,我在从北京坐火车回深圳的路上,看到从北京到河南境内都是灰霾,能见度非常低,雾茫茫的一片,这就叫区域污染,雾霾影响的范围动辄以上千公里的空间尺度来衡量。而当前的深圳很难出现这种现象。

一个更明显的个例是 2014 年 12 月 24 日的局地污染,当时全市 PM2.5 浓度最高地区在西北部,达到 250 微克/立方米以上,而同样在城市建成区内,福田、罗湖这些地区 PM2.5 浓度都在 100 微克/立方米以下,东部地区更好,这就是典型的局地污染事件,它的空间尺度可能在五六十公里。类似这样的事件不断发生,证明了我们的观点,即现在深圳大范围区域性严重污染在减少,但是小范围局地性污染还是会不时出现。

为了研究局地灰霾污染到底有多少,我们利用深圳周边城市环境监测站以及深圳本地环境监测站的 PM2.5 浓度资料进行综合研判,定下一个比较严格的标准:首先,全市三分之一以下的站点出现 PM2.5 浓度大于 100 微克/立方米;第二,同一时次最高 PM2.5 浓度是最低值的 3 倍以上;第三,考虑本地 PM2.5 浓度与周边外地(东莞、惠州)监测站数据的关系,确保在深圳出现的小范围污染不是珠三角区域大尺度污染的边缘部分,而是真正的"局地污染"。

统计所得出的结果比我们自己预料的更严重,即使按照这么严格的标准来判断,深圳也有 40% 的污染事件是局地污染事件。而且每日夜间至次日凌晨是局地污染的高发期。综合分析天气形势与局地污染事件之间的关系,可以发现当近地面大气出现风场辐合(即气流往一条线或一个点聚集)、存在海陆风环流以及出现陆上下沉气流的时候,特别容易出现局地污染事件。大气当中的这些现象可以通过地面自动气象站和边界层风廓线仪等设备进行很好的观测。

特别值得一提的是由热带气旋引发的污染事件。市民通常会问,台风本身不是风很强吗,为何还会产生灰霾污染?事实上,这与台风的结构有关,台风云系本体所覆盖的区域风很强,而且它不仅有强的风,还有大的降雨,当台风过境的时候,城市上空的空气将变得非常洁净。然而在台风的外围却是另一种情况,那里往往是高气压和下沉的气流——每当有台风在台湾海峡或者巴士海峡的时候,深圳正好处于台风外围环流的控制范围内,这时候的环流形势对深圳的大气环境很不利。可以说,深圳夏季大气环境灰霾天气或高污染浓度事件通常都是由台风外围下沉环流造成的。但是这种污染过程一般来说持续不了多久，随着台风的远离或者台风的登陆，台风外围环流带来的高气压就会消失，深圳又将恢复到比较干净的状态。

四、调节城市气象的措施

前面的内容，让我们有了一个最基本的认识，即风对大气环境是非常重要的，那么我们怎么才能得到更多的风，以帮助城市获得更好的大气环境？虽然相关的研究仍然在持续进行中，但科学界对这个问题已经有了一些基本认识。

第一，在城市总体规划当中，科学家提出要做通风廊道的规划。假设我们有一个规划方案，按照这个规划方案，未来的城市建成区将在一些区域建设若干高密度增长极，增加它的建设强度，能耗也会相应增加；同时，我们假设深圳有几条非常理想的通风廊道。仿真模拟的结果表明：如果只是高密度增长和能耗增加的话，城市热岛的强度在未来有所增加，深圳市域的大面积气温都会增加。但是如果建成通风廊道，则它对气温的影响并不是只局限在通风廊道自身的范围内，而是会在更大范围内影响到城市微气候，从而使气温降低——要知道，气温降低本身就是一件好事，它会减少空调能耗。

此外，通风廊道上气温降低还有一个好处，它会形成通风廊道与周边的热力差，这是因为通风廊道上通常会种一些植被，因此它上空的气温会比较低，而周围可能是建成区，气温会更高一些，这种热力差有助于激发一些次级环流。我们做过的模拟分析表明，在完全没有背景风的情况下，仅靠地表对大气的加热，就可以激发出尺度在 1 米/秒左右的局地环流。因此，城市建成区地表的混凝土和水泥路也不见得全是缺点，它对大气环境可能在某种程度上也有好的方面。

当然，在城市总体规划尺度上建设通风廊道难度相当大，我们知道深圳建成区的面积并不是特别大，土地资源非常宝贵。但所幸的是，深圳有大量的天然廊道。深圳市是组团式的城市规划结构，城市建成区被大量的山体所割裂，且城市建成区内部有很多诸如高尔夫球场或者城市绿地公园等绿色用地把建成区内部割裂开，从而不自觉地形成了很好的通风廊道。

第二，山岭对城市建成区的风非常重要，2016 年，我们想看看大鹏半岛的山地对城市微气候的调节有什么作用，就对大鹏半岛山体，包括马峦山、梧桐山山脚沿线的自动气象站夏季风向频率做了一个统计,结果发现,在夏季往往主导风都是来自于山岭,并且是从山岭往城市建成区方向吹的。大家知道,山岭的风更冷、更新鲜、更干净,所以它对城市微气候起到了重要的调节作用。深圳目前正在推进东进战略,那么在坪山、龙岗地区就应该注意为这些山岭来的新鲜风预留一些通道,从而避免走我们过去的老路,把城市建成区建得又密集又高,不留通风廊道,让这个城市的夏季变得更热。

我们应该看到,深圳历届市委市政府和历代规划师都是非常有远见的,深圳应该是全国最早提出保持城市基本生态控制线的城市,市政府把这么宝贵的土地拿出将近50%作为生态用地,并且严禁在生态控制线范围内大搞土木工程建设和房地产开发等等,以保持“城市之肺”对我们城市气候调节的作用,这些政策对于帮助深圳成为一个气候友好的城市十分重要。

第三,在城市总体规划之外,城市街区微观尺度设计方面也可以做很多工作。我们已经有一些基本的科学认识:例如同样的建筑容积率可以采用更多的高层建筑,而避免密集底层的建筑(城中村);在沿海地区(尤其是新鲜风主风道可以进来的地区)要预留一些间距比较宽的开口保证海上的新鲜气流渗入城市内部,而不要将沿海地区建得又高又密阻挡海风的渗入;另外,在城市内部不要建塔楼,也不要为了有更多商铺而把下面的裙楼建得严严实实,可以考虑预留更多的风道。这些是基本的认识。我们的团队也曾经做过一些研究,结果表明城市街区尺度的微观设计非常重要,它对于局地新鲜风的进入和空气质量的改善非常关键。尤其是深圳是一个局地污染占重要比例的城市,我们应该更重视城市街区的微观设计。

图5是一个理想研究案例,是在深圳市后海地区做的详细规划方案,结果表明:同样的容积率,如果我们把地面的连廊去掉,把地面的建筑体更多挪到其他地方去,它的年均风速将提高9.8%。

我们已经提出了一系列关键要素,包括要评估多大范围、评估指标、评估对象、评估工具、基础数据等等。深圳市规划和国土资源委员会出台了《深圳市城市更新单元规划编制技术规定》,明确提到,对于拆迁范围面积不小于10公顷的更新单元,应进行建筑物理环境专项研究,其核心就是通风评估。图6是一个具体实践案例,由深圳大学建筑与城市规划学院承担的龙溪花园物理环境评价项目,经模拟评估认为能够确保新项目建成之后的风速比建成之前不会下降，便可以继续往下走审批流程。目前，深圳市是我国内地第一个有类似物理环境评估要求的城市。

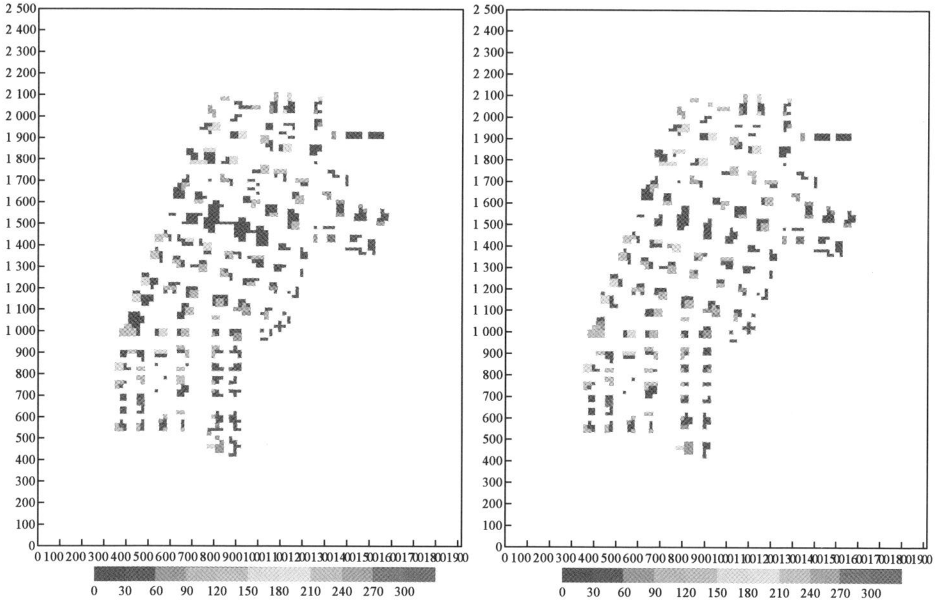

图5　后海详细规划方案的调整研究(色标为高度，单位为米)

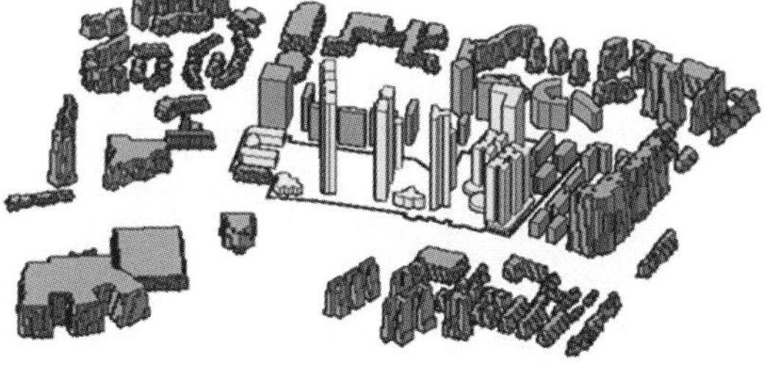

图6　龙溪花园改造项目的风环境评估

五、我能为保护深圳气候环境做什么？

从前文可知，气象条件是污染产生的重要因素，有的时候甚至是关键因素。当前深圳的灰霾污染已经呈现出了跟国内其他大城市相比有所不同的特征：灰霾日数减少，但局地污染所占的比例在增加；在局地污染增加的背景下，城市近地层风的作用可能比北方城市更重要（大尺度风），因此深圳应该特别关注城市的通风性能，并在城市规划中不断予以实践。

作为深圳市的一名普通市民，又可以为深圳市的人居环境做些什么呢？我们必须认识到，如果不改变自己的行为或者生活方式，深圳的城市气候可能还会继续恶化。我们为改善城市气候环境所做的事情，首先就是要克制自己的能源消费。例如开小排量汽车（减少能耗），倡导公交出行，控制空调温度，下班关闭电脑，等等。

此外，作为一名市民，还可以发挥自己的监督作用。例如看到黑烟车可以打电话举报；作为企业主，应该积极响应政府的号召，服从监管；船主使用岸电，保证企业排放净化设施运转正常；工地按规定洒水；等等。其实任何一个个人能够做的可以很少和很小，但如果每个人都身体力行，践行环保理念，所形成的合力，对改善深圳城市气候环境将产生巨大作用。

提问环节

【提问】老师您好！我来自南方科技大学。我之前看过一篇文章，文章中说山上的城市道路会对风有帮助。我想问一下深圳塘朗山隧道对深圳风的走廊有没有帮助。

【李磊】帮助肯定会有，因为大气本身是流体，通道对于流体的流通都是有帮助的，但是我们要定量评估它的作用大小还是比较难的。我个人认为隧道对于空气通风作用不会特别大，主要是因为它的尺度太小了。举一个简单的例子，不论从大气环境质量角度，还是从夏季高温日数角度，光明区相对来说都是一个比较差的地区。它的主要问题就是它的特殊地形，它在山坳里面，即使有隧道通往该区，它的空气流通也不会很顺畅。因此对于您提的这个问题，我只能说有作用，但是作用大小，应该定量评估它，我个人认为不会太大。

【提问】李台长您好！我是清华大学深圳研究生院环境系在读的博士生，我有两个问题想要咨询一下。第一个问题，刚才您提到雾霾问题是气象和环保管理的交叉地带，在政府层面比如说气象部门和环保部门，它们在共同面对雾霾的时候在处理问题的措施上、预警上有什么沟通的问题吗？

【李磊】说到这两个部门的问题，其实气象局的职责主要是监测、预警，而环保局负责治理。在深圳，两个部门合作的问题不是太大，因为从政府的部门构成来讲，深圳市气象局是深圳市人居环境委员会的归口联系单位，所以两家单位在数据共享上做得非常好。两家单位就第二天空气质量的预报问题会做一些会商，因此部门合作的问题在深圳根本不是问题。

【提问】第二个问题，关于雾霾，之前在网上有讨论想把它归为自然灾害，后来又不了了之。如果归为自然灾害的话，国家可以动用一些其他力量或者资源应对灾害；但是归为自然灾害老百姓又会觉得这是天气的问题，而不是污染造成的，我想听一下您的看法。

【李磊】这也是2016年底炒得比较热的问题。我个人的观点是，雾霾污染是一种灾害，也是与自然因素有关的灾害，但它并不是单纯的自然灾害，人类活动的因素在里面有重要作用。大范围污染事件如果严重程度很高，持续时间又很长，必然会对居民造成影响，尤其是健康方面的影响，因此这肯定是一种灾害，但是它是否能够完全归结为纯自然灾害，我认为这很值得商榷。

【提问】李老师您好！我来自哈尔滨工业大学，我想问的问题不是学术性的问题。我的家在哈尔滨，那边污染比较严重，我觉得深圳的空气算比较好的，为什么在深圳的夜晚天空中很难看见星星，但是在我家能看到很多星星。

【李磊】深圳之所以夜晚见到星星的情况很少，我觉得有几个原因。第一个原因是灯光污染，我认为这才是最重要的原因，或许是因为深圳比哈尔滨更繁华一些，而且高楼大厦更多一些，灯光污染更严重一些，才导致夜空的星星难以见到。第二个原因，你要看到星星，首先要没有云，而深圳地处沿海地区，有云存在的概率太高了。第三个原因，可能还是与有些时候雾霾污染有关，尤其是夜间特别容易出现逆温，大气扩散能力较弱，雾霾容易发生。可以说，这几方面的原因共同造成深圳的星星比较难见到。

【提问】李老师您好！我对 PM2.5 很感兴趣。我有同学在北方的一个城市，那里的空气污染非常厉害，咱们深圳这边相对来说比较好。因为您刚刚讲到深圳的汽车尾气贡献率是 41%，咱们国家的 PM2.5 为什么这么高？

第二点，植被覆盖率从改革开放以来就不断减少，后来又增加，我想了解植被覆盖对 PM2.5 吸收有多大作用。另外，我经常看到有些地方堵车很厉害，那些绿化带占了很大的面积，现在很多十字路口改造，对更多绿化带进行改造以便于通车，我想知道绿化带对 PM2.5 的影响有多大？

【李磊】第一个问题，如果要放到国家这个层面来比，首先我们必须承认现在 PM2.5 浓度肯定没有降到多数发达国家的水平，这是毫无疑问的。至于贡献率，对于深圳来说机动车的贡献率是 41%，但是对于其他大城市或许会更小。汽车是造成这些地区大气污染的源头之一，但是可能还有其他更重要的源头。其他大城市的具体数据我不了解，所以我没有发言权。至于其他可能的因素，包括油品、机动车污染排放的控制等问题超出我现有的专业范围，我很难给出更为专业的解答。第二个问题是植被对于 PM2.5 吸收的作用，我必须承认这完全不在我的专业知识范围内，非常抱歉。

【提问】老师您好！我是一个普通市民，我想问一个问题，在西丽大学城这块，您说我们深圳局地污染比较严重，能不能说一下大学城的污染情况怎样。这是第一。第二，如果按照一天来说，会不会在一天某个时段污染小一点，比如说我们选择户外运动的话，是不是在某些时段（早上、中午、晚上）更合适一些？

【李磊】污染物的浓度 PM2.5 也好，臭氧也好，还是其他污染物也好，一般来说都有明显的日周期变化特征。以 PM2.5 来说，它往往是早高峰时候浓度比较高，这里有两个原因：一个是早上时候上班车辆比较多，排放源多一些；另一个是早上日出还未能充分加热大气，所以对流还没形成，那时候逆温出现的概率也高一些。但是另外一种污染物——臭氧的情况就有所不同，臭氧主要是中午到下午的时段浓度比较高，因为臭氧主要通过光化学反应产生，它一定要在阳光强烈照射的情况下才能产生。就锻炼时段而言，我个人比较喜欢夜跑。从污染的空间分布来看，深圳大气污染多发的区域集中在西北、东北区域，西丽大学城所在区域还不算糟糕。

【主持人】本来按照我们的规定是5位听众提问，因为今天老师预留的时间比较多，而且我感觉到听众的专业问题问得非常好，我们再多请两三位。在这中间我也想插一个问题，您说深圳东北和西北这块污染比较严重，它是因为地形，还是因为原来“三来一补”工业集中在这些区域？如果是因为工业的问题，是不是会好转；如果是地形的问题，即使是工业迁出，这些区域是不是也不太适宜生活？

【李磊】因为这是我们最近才完成的研究，我们从现象上、规律上看，这两个因素可能比较多，但是具体成因是什么，我们现在还不是很清楚。到底是由于局地地形造成的气象上容易产生局地污染，还是因为周边有大量的排放源，我们暂时也没有掌握更多的资料。

【主持人】因为您刚才提到光明区那块是一个凹地是吗？

【李磊】对，光明区所在地区的地形确实存在一些问题，光明区位于一个半月形的山坳中间，北边的污染物输送过来之后，只能在山脚下堆积，很难越过山岭，所以光明区这个地方污染事件多发有它地形上的原因。

【主持人】东莞和惠州接壤这些地方，现在还不能够确定是因为地形，还是因为工业污染，或者其他区域污染？

【李磊】对。

【主持人】您刚才提到污染物上升到一定高度之后不会再往上走，在这种情况下，比如说我们如何选择住所的高度，现在楼越盖越高，很多豪宅都在四十几层、五十几层。我以前听说过7～9层是灰尘飘浮带，现在污染源不光是灰尘了，像您说的PM2.5还有臭氧，从居住的楼层来看，是低楼层好一点，还是中高楼层好一点？

【李磊】这个问题我也不是第一次被问到，很多其他人也问过，在城市地区有没有所谓的扬灰尘，我们也做过一些统计和数值模拟，总体来说楼层还是越高越好，PM2.5 的浓度通常是高度越高浓度越低，对此我们以前也曾有一些数值模拟的结果验证。

【主持人】比如说在四十多层经常会感觉到自己在云层中，像车公庙那边有一些高档住宅在四十多层的时候，真的感觉到自己在云雾里，难道那个地方并不是污染，只是水汽吗？

【李磊】其实很难讲，我刚才也讲过城市地区的雾尤其是接地的雾，基本上没有纯雾，基本上是稀饭，里面都包含污染物的粒子。如果它离地的话应该是高度越高，细粒子污染物的浓度越小。

【提问】老师，我想请问一下，大气是流体，它会流动和相互影响。如果深圳周边的城市环境不好的话，深圳也无法独善其身。请问一下在治理深圳大气环境问题上，有和其他城市协同的动作吗？

【李磊】这个问题问得非常好。大气是流体，所以污染物的跨区域扩散是一个重要问题。深圳在很早就提出要开展珠三角的区域协作治理，各个城市之间要有一些合作，包括我之前提及的深圳灰霾日数从 2004 年之后下降，同整个珠三角的协同发展有关系，同整体产业结构的升级都是有关系的，当然具体的政策或者具体的举措可能人居环境委员会等机构的专家掌握得比我个人会多一些。

【提问】李台长您好！我是北京大学深圳研究生院的，我想问一下，目前中国的一线城市基本上都属于超高密集的城市，人口密度非常大，其实人本身是很大的污染源，尤其是现在要进行繁杂的经济活动，在一线城市里寸土寸金，绿色植被都会减少，我们深圳还好，像北方绿色植被更少，即使我们现在采取很多措施，在这样超高密度的城市保持空气清新是否现实？是不是我们以后在国家城市设计方面也要采取一些举措？

【李磊】这是一个非常好的问题，我个人还是偏向于乐观主义，像深圳这么高密度的城市，我们实际管理人口超过 2 000 万，土地面积不到 2 000 平方公里，但当前的大气环境质量还可以。但我觉得这里主要的因素是城市总体规划格局的问题。深圳早期的规划师们在特区建成之后，在制订总体规划的时候采用组团式规划的格局，用山岭或者城市绿地对城市建成区进行隔离，在这种情况下，我们对深圳保持相对清新的空气还是要有一些信心的。当然我们要充分意识到绿地、山岭、湿地、水体对于城市气候的调节作用，我们更应该保护它们。

【提问】李老师您好！我在给企业做空气环境相关的产品，类似于空气净化器，我想问一下，现在的 PM2.5 中国国家标准是否和国际标准统一，在 PM2.5 到 PM10 左右我们就认为它是优良或者中等，这种标准现在我们国家和国际是否一样？另外，以你们比较专业的角度来评估中国空气治理您觉得需要多少年的时间？

【李磊】这是一个好大的问题，第一个问题是标准问题，按照我们国家的标准来看，尤其是 PM2.5 的浓度目前还是比国外偏保守一些。

第二个问题，您说要多少年，在深圳来说我觉得基本上不用太考虑这个问题，我们已经在快车道上向好的方向发展，对整个珠三角也是如此。对京津冀来说有很大的产业结构调整的任务，《大气污染防治法》作为大气污染防治的根本大法，第一条就开宗明义讲要调整产业结构，我们深圳大气环境的转换过程其实印证了《大气污染防治法》的正确性，但产业结构的调整需要多长时间，我不好说。但从深圳的情况来看，我们从 2004 年到现在也就十来年的时间，主要看治理的决心，看政策导向和执行力度。

【提问】李台长您好！我是一位普通市民，刚才您讲的内容我觉得有一个数据挺吓人的，深圳的局地污染事件越来越突出，而且占到 40% 的比例，但是据我了解，以我们现在的国家标准来评判，深圳一年的优良率是 96% 以上，达到污染水平的比例不到 4%，您说在 4% 的污染事件里大概有 40% 是由局地事件造成的吗？这是我的第一个问题。

【李磊】你说的优良率 96%，是按照日均浓度来算的，但是我们在做分析的时候是用小时浓度来算的，PM2.5 浓度有日周期变化特征，它在凌晨可能某个时刻很高，但是一天算下来它不高，那一天可能被评为优良，但对凌晨那个时刻来说它是污染的。

【提问】所以局地污染事件的限定条件是不是应该明确一些?

【李磊】是的,谢谢您的建议。

【提问】第二个问题,您也说得比较保守,毋庸置疑,我们深圳现在的 PM2.5 浓度比起国外一些发达城市来说还是偏高的,因为这些城市的 PM2.5 浓度也就在十几的水平。但是您讲的气象对于大气的影响,在国外城市也有弱高压脊,也有热带气旋,但是它们为什么没有造成明显的污染事件,您觉得这个问题的核心是什么?

【李磊】我觉得核心可能还是能源结构、产业结构的问题,因为我们从深圳来看,深圳的产业结构高级化从一九九几年开始逐渐朝着服务业倾斜,由于产业结构导致的能源消费结构不同,这可能是一个主要因素;另外我们确实要承认,在污染物排放控制的措施执行坚决性上和具体企业主自觉性上,我们与国外城市还是有差距的,就像华北地区的一些工厂明明有抑制污染排放的设备,但是为了经济利益不开动,所以政府的监察以及企业主的自觉性都是问题,不能简单地说哪个问题是主要的问题。

【提问】李台长您好! 我是清华的一名学生,听完您的报告后我有一个问题,您最开始举大运蓝的例子,当时提到的原因是海风的因素造成前后的剧烈反差,后来深圳污染几个特点又把海陆风环流作为污染的成因。在我的印象中,深圳靠海,海风应该是帮助我们获得有利空气质量的很好因素,而且您提到夏季雾霾天数比较少,我想是夏季台风比较多、风比较猛烈的原因造成的。请您明确一下,海陆风到底是深圳的优势,还是劣势?

【李磊】这个问题可能是我在讲的时候没表达清楚,所以造成您的误解,海陆风一定是在没有大尺度背景环流情况下的一种局地天气现象。也就是说,当没有台风过境、冷空气过境或强盛季风影响的时候,深圳的风只能靠本地海陆热力差异所激发,出现白天海风、夜间陆风的昼夜循环,这种风才叫海陆风。而我在大运蓝的例子里讲到风,它不是简单的海陆风,它存在系统风的转换,有更大空间尺度的天气因素在影响它,在 8 月 11—24 日期间,深圳的整个风向都是偏南风,并不存在海陆风的循环。

商业模式创新漫谈

主讲人:刘军

讲座时间:2017 年 6 月 17 日

讲座地点:深圳大学城图书馆四楼报告厅

主讲人简介

刘军,深圳大学管理学院院长、教授。长期致力于城市人才发展战略、商业模式研究,主持国家自然科学基金、教育部人文社会科学研究项目、广东省软科学研究项目、深圳市"十一五"人才发展规划研究。兼任中国人力资源开发研究会常务理事、深圳市软科学专家委员会委员、深圳市人才开发与管理研究会会长及深圳大学商业模式研究中心主任等。研究领域为城市人才活力、城市经济发展与人才发展依存和共享经济商业模式。研究成果先后获得人事部(现人力资源和社会保障部)人事科研成果二等奖、三等奖和省科技进步三等奖等。

主要内容

商业模式是随着时代进步到来的一种智慧确定性安排,中国社会已从知识和能力两种社会形态走到了创新社会阶段。在经济领域表现出的两大特征,不管是基于效率的"互联网 +",还是基于结构资源充分利用的共享经济,都离不开创新商业模式的匹配。商业模式创新的"客户价值最大化、资源整合、系统化、持续赢利、整体解决方案及核心竞争力"六要素,各有内涵,它们相互作用,相互依赖,缺一不可。本讲座基于此六要素,通过实践中精彩的创新案例解析,探讨商业模式创新的奥秘。

一、导言

很高兴来到深圳大学城图书馆,跟大家一块分享商业模式的创新问题。到底什么是商业模式?商业模式如何创新?它的逻辑是什么?

模式是一种可以照着做就能够产生确定性的样式,通俗一点说,把照着做就能有确定性的样式放在商业领域,这就是商业模式。

(一)从模式到商业模式

公元前359年,商鞅深得秦孝公赏识,欲行变法之事,通强国之途。但当时的秦国百姓对政府并不信任,如果变法得不到百姓拥护,将无计可施。于是商鞅想出了一个办法,他在都城南门立了一根三丈长木,旁边贴一告示:“有将此木移北门者,赏十金!”结果百姓并无人响应,商鞅知道后,又重贴了一张告示:“有将此木移北门者,赏五十金!”显然重赏之下,必有勇夫,有人扛着就跑,就是一根细细的长木,一大帮人跟在后面看热闹,心想肯定是劳而无功。而到了北门,商鞅已站在那里,命人赏给他50金。众人散去的同时,对政府的言而有信也产生了根深蒂固的印象,后来秦国侵吞六国跟此木不无关系。这就是所谓的“商鞅立木”模式。

2014年,互联网+、+互联网成为风口,但风口没了会怎样?2017年10月网络上出现了一篇以“电商死亡名单公布,烧钱结束,实体崛起”为题的报道,互联网+零售业、互联网+餐饮业、互联网+旅游、互联网+房产、互联网+社区、互联网+金融、互联网+汽车……成片的电商倒下。怎么办?继续找风口,也许我们还有机会,如新能源之风、“一带一路”之风、国企混改之风、创新创业之风。风口找到了,可持续吗?如果不明白本质的话,一样不可持续,很多创业者倒在了烧完钱之后。还有什么可能的办法?继续找资本,资本也找到了,愿意投,又如何?有人说当烧钱烧不出商业习惯的时候,这种烧钱对创业者毫无意义。

(二)三种社会认知的渐近演变催生

中国和世界发达国家一样,经历过三种社会认知。第一种称之为文凭社会或学历社会,应以1977、1978年恢复高考为节点划分,其本质特征是“知识改变命运”,社会对于知识的渴求,让拥有知识者能改变命运,因此产生了学知识的社会行为导向,那是一个“拼知识”的年代。但是这种社会认知很快随着市场经济的兴起而改变,进入20世纪80年代中期,以深圳为代表的“时间就是金钱,效率就是生命”的理念风行全国，中国进入了能力社会，其本质特征是“爱拼才会赢”，拼的是胆识与能力，社会对于胆识的紧缺，让“拼”成为稀罕物，而让知识、学历退为“保健”要素。当年深圳聚集了一批有胆量有见识的人。但随着社会的进一步发展，在2010年前后中国出现了以深圳为代表的第三种社会认知，创新社会到来了，这是知识经济发展的必然结果，其本质特征是“智商打天下”，用智慧赢得未来，赢得成功。学历成为基础，胆识、闯劲、能力进而成为“保健”要素，而强烈的创新欲望、创新策略和创新行为成为社会驱动的关键要素。不管是个体，还是一个组织、一个地区、一座城市，如果没有创新，几乎就没有未来。

创新社会有两大基本特征：一是基于效率的互联网+、+互联网，虽具有工具效率特征，但是它改变了社会。二是本质特征，即模式，基于智慧的模式。在商业领域凡是用模式来运作，哪怕是一个不太工整的草图商业模式，几乎都有机会成功，然后不断纠正完善。如大学生一毕业就去创业是在试错，这个时代试错的成本极高，不光是金钱成本，机会成本更高，时过而境迁，机会丧失，花大把时间做了错的事情，而用一个模式创业就有可能是不一样的结果。

（三）创新创业要求商业模式的普及与创新

2016年在中国使用最频繁的两个词是“创新”和“创业”。中国人是聪明的，是不乏创新之力和智慧之举的，创业也是如此，我们希望有新的业态、新的模式、新的产业出现。深圳作为先行者有各种各样新的模式、新的产业诞生，如深圳双创周展示的充满创意的“空气集水器”、深圳创意生产的“无电池门铃”“反向收拢伞”等。

近年来，中国创新的产品、创新的技术、创新的模式，将会呈爆发式的增长，因为创意是相互传递的，在传递过程中会产生乘数效应，这个社会已经给我们带来这样的快意。深圳作为创新之都，在鼓励创新创业模式上也有很多做法，在立法层面、新的政策环境层面有五大体系和十三个配套办法。在打造新的生态链和配套产业链环境方面，政府也做了很多工作，尤其是为带着专利回来的海外人才提供了优厚的补贴支持和非常好的平台。

互联网+1.0是互联网+信息，非常简单，以QQ、E-mail等为代表，随后进入到互联网+2.0，就是互联网+商务贸易，即电子商务，现在我们已来到了互联网+3.0，就是互联网+综合服务。有人说我们来到了一个伟大的“互联网+”时代，但这种效率的放大是不是一定会产生本质的变化？如果商业模式不加进来，充其量只会产生速度，而错误方向上的速度越快，隐藏的风险也就越大。

二、商业模式的逻辑

1. 从一个虚构的有趣例子谈起

下面为了让大家更好地理解商业模式的逻辑,我来举一个有意思的例子。在美国农村住着一个老人,他有三个儿子,大儿子、二儿子都到城里工作了,小儿子好不容易被留下来,结果有一个人上门,对他说:“尊敬的老人家,我把你的小儿子带到城里工作好吗?”老人很生气:“你出去,我好不容易留下一个儿子,你还要带他去城里工作,不需要!”老人要把这个人撵走,这个人穷追不舍:“我在城里给你儿子找个女朋友好吗?”老人说:“我的儿子哪里找不到女朋友? 不需要。”又要把他撵走,但这个人说了第三句话,老人就同意了,他说:“如果我给你儿子找的女朋友,也就是你未来的儿媳妇是约翰·洛克菲勒的女儿,怎么样?”老人一听,知道洛克菲勒是石油大王,美国的首富,有想象空间,同意了。过几天,这个人又去找约翰·洛克菲勒,对他说:“尊敬的洛克菲勒先生,我给你女儿找一个男朋友好吗?”洛克菲勒说:“我不认识你,我女儿哪里找不到男朋友? 你出去吧!”要把他撵走,这个人又说了一句话,洛克菲勒就同意了,他说:“如果我给你女儿找的男朋友,也就是你未来的女婿是世界银行的副总裁,可以吗?”洛克菲勒一听,心想那还差不多,同意了。过了几天,这个人又找到世界银行的总裁,对他说:“尊敬的总裁先生,您应该马上任命一位副总裁。”总裁很纳闷:“你是谁呀? 我有好多位副总裁了,干吗还要任命一位副总裁,而且还要马上?”结果这个人又对他说了一句话,总裁就同意了,这个人说:“如果你要任命的这位副总裁是约翰·洛克菲勒的女婿,可以吗?”信不信由你,总裁同意了。

本例中的这个说合者为什么会成功? 通俗地说,因为他能给这三个主体(老人、约翰·洛克菲勒和世界银行总裁)带来好处。这个说合者的商业模式逻辑实际上就是一个浓缩的商业模式。他给老人创造价值,儿子找到媳妇,还是洛克菲勒的女儿,并且当上世界银行副总裁,老人当然高兴,没有这价值,老人不需要让儿子到城里工作;他给洛克菲勒创造价值,就是洛克菲勒找到了世界银行副总裁作为女婿,充满了想象空间;他给世界银行总裁创造价值,副总裁是约翰·洛克菲勒的女婿,也有了想象空间。

商业模式里首要一条就是一定要给对方创造价值。所谓创造价值就是创造出原先没有的价值;其次这里存在资源交换,老人的儿子找到约翰·洛克菲勒的女儿做儿媳妇，儿子还当上世界银行副总裁，如果要花钱那是简单的买卖，不是商业模式；再次，获得价值或拿来交换的资源对己方来说边际成本很低。交换者心安理得、皆大欢喜，这样的商业模式就是皆大欢喜的多赢（图1）。

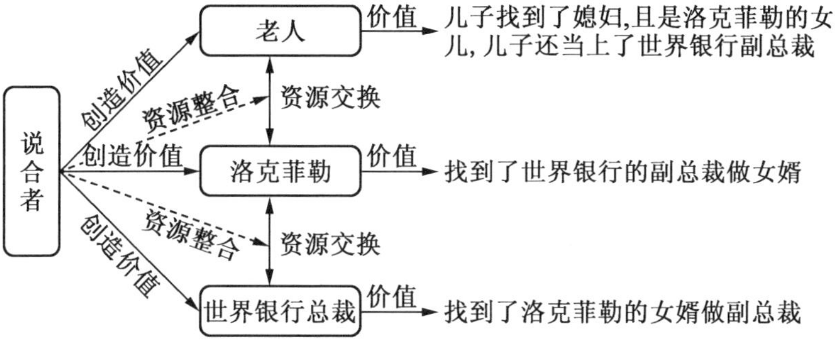

图1　说合者的商业模式逻辑

我们用结构分析来看，老人儿子拿来交换的是虚拟身份资源，是虚构出来的身份，没有边际成本；约翰·洛克菲勒拿来交换的是女儿的身份资源，边际成本也不大，她反正迟早要找男朋友；世界银行总裁拿来交换的是副总裁的职位资源，边际成本实际上也不大，副总裁的职位多一个，分点工作让他做就行，但价值的想象空间很大（表1）。

表1　说合者的商业模式系统结构分析

主体	赢利点或价值点	持续性	交换资源及其边际成本
老人	儿子找了洛克菲勒的女儿做媳妇，当上了世界银行的副总裁	可持续	虚拟的身份资源，无边际成本
洛克菲勒	找了世界银行的副总裁做女婿	可持续	洛克菲勒女儿的身份资源，边际成本不大
世界银行总裁	找了洛克菲勒的女婿做副总裁	可持续	世界银行副总裁的职位资源，边际成本不大

边际成本很低或者不存在的资源，在一定的系统里交换，这种状态我们称为

可持续。可持续在商业模式里是有确定性的:第一,要创造价值;第二,要交换资源;第三,是低边际成本。这样的系统才是可持续的、有确定性的,否则即是非确定性的。商业模式持续的确定性是我们永久的追求目标。

2. 商业模式是如何定义的?

到底什么是商业模式? 到目前为止,商业模式还是一个莫衷一是的概念。相对得到公认的、比较完整的定义是:商业模式是为实现客户价值最大化,把能使企业运行的内外要素资源整合起来,形成一个运作高效、具有独特核心竞争力的完整系统,并为实现最优客户满足,同时使系统达成持续赢利的整体解决方案。简单一点说,就是一种保证结果确定性的逻辑。这里面一共隐含有六个小概念,是商业模式创新的着眼点的六个要素,也是我今天要讲的核心内容。

现在的企业要想获得确定性、可持续性,必须具备三样东西:第一是好的产品,这是基础;第二是好的商业模式,这是关键;第三是好的理念,这是先导。三个可持续的成功要件缺一不可。蛇口南油大厦对面有一家饭店,叫东坡庄,充满武林之风,服务生一身短打,黑衣、黑帽、黑腰带,见客人进门,总会双拳一抱:"壮士,请进!"客人立马会精神起来,但见少林派、武当派等武林装饰琳琅满目,大厅到处是用篱笆扎起来的小空间,八仙桌上放着几只粗碗,很有意思。服务生点菜更有意思:"壮士,你什么不吃?"所有饭店都问吃什么,这里与众不同逆向点菜,而当客人用完餐结账离开时,又会被服务生叫住:"壮士,请留步,请转幸运大转盘。"转盘上有一条鱼、一壶酒、一盘红烧肉等选项,唯独没有"谢谢您,欢迎再次光临"。转到幸运奖品,只需写下电话号码,下次再来就可享用。这显然比给现金券好多了,因为它有了具象。

与众不同,哪怕就在一个小小的领域也会产生不一样的效果。东坡庄的菜品质量不错;模式不错,有反向点菜、实体延时奖品;理念很好,充满武林的豪迈氛围。现在社会已经来到了酒香也怕巷子深,需要吸引眼球的时空位置。刻意设计一些模式,哪怕是一个小餐馆也会给顾客带来不一样的感受,并形成持续的收益。

3. 商业模式的构成

我们听说过各种各样的模式表达,如经营模式、融资模式、生产模式、赢利模式、营销模式、收入模式和管理模式,它们都有各自的含义。图2是商业模式的组成结构图。

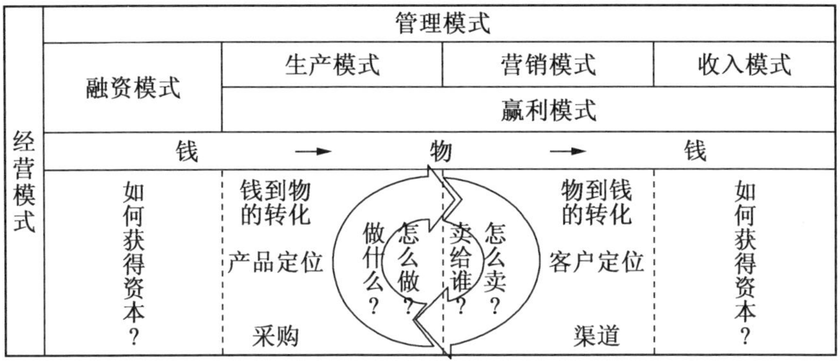

图 2　商业模式的组成结构图

企业的运作流程可以归结为“钱→物→钱”，后一个钱应该比前一个钱大，而且越来越大。如果是越来越小就可以收摊子了。第一个钱是本钱，叫资本，在这个位置的模式是融资模式，我们称为资本的获得。拿到资本以后，第二步是采购，这时候需要进行产品定位，即“做什么”“怎么做”，我们称为由钱到物的转化。做好产品之后，“卖给谁”“怎么卖”，我们称为客户定位。客户定位需要渠道，有人就是专攻渠道的，我们称之为由物到钱的转化，最后是如何回收资本。我们把如何获得资本叫作融资模式，产品定位叫作生产模式，客户定位叫作营销模式，如何回收资本叫作收入模式，生产模式、营销模式、收入模式合起来称为赢利模式。赢利模式和商业模式不能混同，赢利模式有位置感，从生产到收入，并不包括融资。我们把赢利模式叫作怎样赚钱，我们把从融资到收入全过程的运作方式称为管理模式，即如何高效系统化地运作企业。而将各种各样的模式及运作统称为经营模式，即如何经营企业。

现在社会上已经很难看到从融资开始一直到最后回收资本的全流程价值链企业。很多企业都是根据自己的优势专长，专攻某个方面。有专攻资本的，如银行担保、担保公司、证券公司、贷款公司；有专攻生产的，如富士康、中国过去的“三来一补”企业；有专攻渠道的，外有沃尔玛，内有苏宁、国美，它们并不生产任何东西；也有专门回收资本的，如各种催款公司。所以我想，有了这个位置感，大家就能够有更明确的概念。

三、商业模式六要素

商业模式精彩纷呈,为社会增添各种各样的创新价值。但抽离现象,反映商业模式本质的是其中的六个要素。这六要素作为商业模式创新的基本着眼点,既可用来比较完整地描述商业模式,又可用来构建商业模式。

1. 客户价值最大化

首先是客户价值最大化,这是商业模式的根本出发点。俗话说:"不想让别人赚钱的商人,不是好商人。"今天有人把它演绎到人格上来,不想让一圈人享受你的好处的人不是受欢迎的人。竭尽全力让周围的人感受到你带来的好处和价值,你就是好人,就是受欢迎的人。在哈佛大学留学的同学说,当初入学面试有一道题:"你到这儿来,能给我们学校贡献什么?"你如果回答:"我就是一个高中生,我来上大学,我一边学,一边贡献。"这不行,你说不出内容,逻辑不行。如果在深圳参加过公益活动,你说我有一套公益流程,我能把它带到哈佛来,那这个答案就有分。中国将来一定也是这个趋势,因为我们已经进入现代社会,特别是在商业领域,让客户价值最大化已然成为我们商业逻辑的基本起点。

下面请大家看一个案例,在深圳大学东门有一家卖菜的连锁小超市,每天晚上 7 点多,隔壁卖菜的已是门可罗雀,但它还是人山人海,灯火辉煌,怎么回事?这个突然冒出来的连锁蔬菜超市叫"钱大妈",它有三样东西正好是商业模式的内容,而且很合拍。第一,是"钱大妈不卖隔夜肉",包括菜。相信吗?它有一套支持体系,即第二,折扣模式。晚 7 点过后,每半小时加打一折,7 点钟 9 折,7 点半 8 折,11 点半免费送。这果然能让人相信"钱大妈"的菜新鲜。还有第三,它在用大数据管理,社区店经过若干个星期就会通过买单数据发现这个店周边老百姓的购买习惯,表现为买菜的结构,于是它照这个数据来供应就行,供应到八九点钟就全部卖完,不会到 11 点半免费送。但是也正好印证它不卖隔夜肉、不卖隔夜菜。当然,它的产品质量也好,都是保鲜膜包起来的,肉也新鲜,菜也好,比大超市的还干净。

"钱大妈"模式背后有 12 小时内食材新鲜的保障逻辑,即通过供应系统优化,直接与农业种植基地合作,省去中间环节,为打折提供了空间;还有专业化的产品检验、大厨房整理、仓储式冷链配送体系。所以这个模式一出来就显示出巨大的影响力。隔壁卖菜的店也打折,8 折、5 折都没人要,而"钱大妈"一卖一光,卖菜卖出了花样，凭借优秀的商业模式，成为“2017 年度中国便利店创新奖”的获得者。

它是怎样考虑客户价值的最大化的呢？老百姓买菜买肉就是要放心，实际上处不处理成净菜也不要紧，客户主要在乎的是新鲜度和农药不超标。我们看这个模式，“钱大妈”和国内多家现代农业种植公司达成生鲜供应合作协议，而在这条价值链上，首先是社区直营店，“钱大妈”针对直营店精心研发标准、流程及结构，把这个模型店做得精雕细刻，当然速度也很快，然后开始连锁复制，叫社区加盟店，也就是样板复制，快速扩店，接着向顾客推出定时打折机制，推送给他们生鲜产品（图 3）。

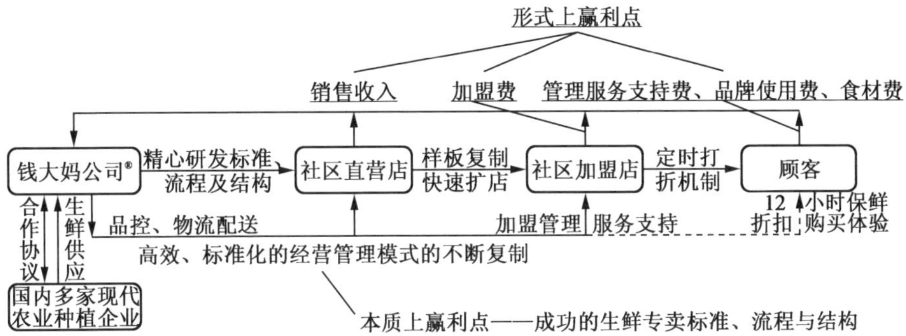

图 3 “钱大妈”社区加盟制的客户价值最大化商业模式逻辑

这是一条主价值链，然后产生一系列的赢利点，包括直营店的销售收入，加盟店的加盟费、管理服务支持费、品牌使用费、食材费，全部回流，成为主赢利，我们把这个称为形式上的赢利，表面上看这么多赢利点，本质却是它精心研发的一套机制，即下面的支持价值环节，将品控、物流配送、加盟管理、服务支持、12 小时保鲜、折扣及购买体验推送给客户，这条流程更是内核。所以，隐含的高效标准化的经营管理模式不断复制是它的本质引领，成功的生鲜专卖标准流程和结构在这里完成，这是它的客户价值最大化实现的一套逻辑，用价值来体现，再从加盟费等收入上赚回来是理所应当的。作为加盟者，交加盟费就可以进入使用这套标准以及“钱大妈”的品牌，实际上是低成本的。

我们再看一个客户价值最大化的例子，我们把它称为闭环价值链。我先讲一下背景，深圳有很多年轻人创业，于是诞生了一批小微企业，科技园南区的那一大片写字楼租金很高，三五个、七八个年轻人在里面创业，大家知道办公司必须要有财务（会计、出纳、总账），于是诞生了一批算账公司，他们有资质，上门说我帮你算账，你不要养三个人，一年成本很高，我帮你算一年只收 10 万块钱，还没等签协议，又有一家算账公司上门，说我不要 10 万，8 万就可以，然后又来了一家，说 5 万帮你算，最后降到 1 万块钱帮人算一年，希望薄利多销形成规模。这样博弈的结果是算账公司比小微企业地位低。小微企业发展到一定阶段需要资金、需要贷款，算账公司会帮小微企业做一套漂亮的资产负债表，拿给小贷公司，小贷公司一看资产负债表这么好看，就会贷出去，贷完后不是跑路，就是钱要不回来，产生一批坏账，因为它的账是做出来的。有的公司确实经营很差，据说创业企业至少 80% 是要倒闭的，因为它们用算账公司做的账来贷款。深圳有很多公司跑路和存在坏账，坏账率极高，于是小贷公司就惜贷，而小微企业就长不大。大银行贷不了，小贷公司害怕贷，最后这三方都活不好，这是一种非常差的生态。这也是我们一位 MBA 同学的亲历体验，后来研讨提出了这样的商业模式解决方案，大体逻辑是，算账公司为小微企业免费算账，但有两个条件：第一，小微企业必须一直是优质企业，如经营不善、财务状况差就要收费；第二，以后需要贷款，须让算账公司推荐小贷公司，推荐的小贷公司资金使用一定是市场平均利率，写到合同里作为限制条款，于是小微企业大多会同意把这个权利让渡给算账公司，就是贷款的推荐权。算账公司获得这样的权利后，它前期要烧钱，优质的小微企业一定会有贷款需要，而劣质的小微企业慢慢会被淘汰掉。当小微企业需要贷款时，算账公司就找小贷公司，说我给你推荐好的公司，一定是优质公司。小贷公司说你怎么能保证一定是优质公司？算账公司跟他说一个逻辑，说你看一看，这是我与小微企业签订的免费算账合同，没有收益。我向你推荐优质公司，给你真实信息，你给这家公司贷款，由于它是优质公司，所以你坏账率很低，你就会有很多贷款收益，比原来收益高出很多而且还很省心。我从你的收益里分几个点就可以了，如果我推荐的不是真实的信息，不是优质的公司，你这里贷款出去收益就会减少，我就分不到钱。小贷公司于是愿意签协议。这样的“铁三角”逻辑就成立了。其中有两个循环：一个是实务循环，一个是收益循环，是闭环价值链系统，此处的循环具有价值特征，是价值循环（图 4）。

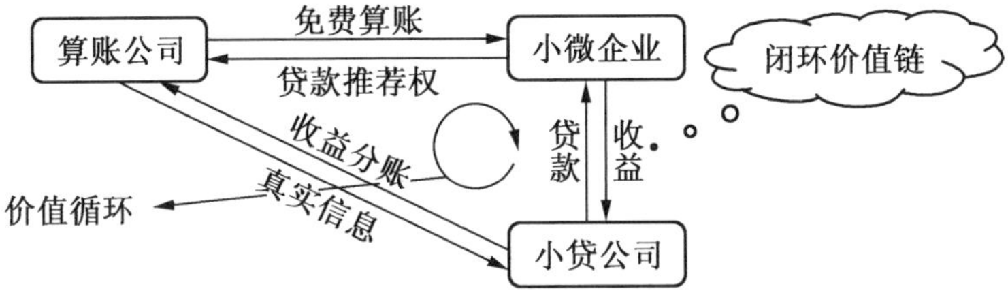

图4　小微企业、算账公司、小贷公司“铁三角”闭环价值链商业模式逻辑

未被满足的有意义有价值的需求无处不在,就看你有没有眼光。如果发现了就以此为商业模式思考的逻辑起点,首先方向就是正确的了。

2. 资源整合

第二个我想和大家说的是资源整合。资源整合在商业模式里处在核心的位置,其本质有两个。其一是互补,不同系统因各自所拥有资源的不完备性,普遍存在因追求“小而全”“大而全”带来的非协作性经济低效。商业模式为此推进不同系统之间的资源互补,此为机构优化。它有点像你中有我,我中有你,你多一块我少一块,配合到一起正好大家皆大欢喜,是一种互补的关系,千万不要认为资源整合是用钱来买,那不叫资源整合。其二是规模,不同系统的资源因碎片化以及资源利用中的时间、节奏等的非均衡性,而普遍存在“价值剩余型经济低效”。商业模式为此而进行高效资源集合,此为规模优化。企业通过组织协调与企业经营系统进行融合形成一个整体,这是资源整合的要义。

下面我们通过一个充满智慧的例子来说明资源整合应该具有的创新特征。我先讲一下背景,这是深圳蛇口幸福小蜜蜂家政公司,家政公司大家都知道,是传统的服务业。家政服务、餐饮服务,在深圳有很多,但有一个现象,传统的服务业因为薪酬不算高,于是不断有员工被挖到更高薪酬的公司去,于是不断招工不断流失,附加的人工成本变高,这类现象比比皆是,用工上充满烦恼。但有一家公司把这个恶性循环破解掉了,这就是幸福小蜜蜂。这是一个资源整合的成功案例,他们不光不愁员工被挖走,还会对员工说,你怎么还没走?幸福小蜜蜂是用了怎样匪夷所思的创新商业模式来做到这一点的?大家请看图5。

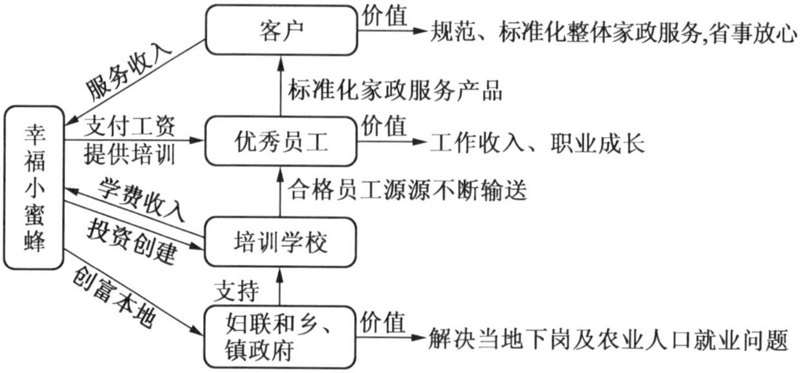

图5　深圳幸福小蜜蜂资源整合的商业模式逻辑

幸福小蜜蜂向优秀员工支付工资,并提供高档次培训,号称要打造中国的菲佣模式,而优秀员工则提供标准化家政服务给客户,让客户省事放心。优秀员工收获的价值是工作收入和职业成长,但是很容易流失。当初公司的优秀员工都会被挖走。怎么办?于是他们想到,必须到有“人力资源剩余”的地方去找,他们到黔桂川的乡、镇政府去求援,提出一个概念:创富本地。我把你这里的下岗员工及农村富余劳动力带到深圳去工作愿不愿意?如果愿意,就要让他们有一技之长,必须接受培训。公司希望获得免费培训场地的使用,乡、镇政府空余的房子多的是,同意提供。幸福小蜜蜂很高兴,场地不花钱还就近创办培训学校,当地政府提供物质条件,于是合格员工源源不断地输送到了深圳,变成优秀员工。当然培训学校基地的投资是需要的,而这种模式带来两个收益。第一个是培训学校的学费收益。成本低,学费收益就成为一个正向的小价值循环,能够持续流转。第二个是服务收益,公司为员工提供工资,员工提供标准化高质量服务,由客户交纳服务费。这里面嵌套着几个价值循环,源源不断的合格员工输送成了不断链的主要保障环节。幸福小蜜蜂通过整合当地的人力资源,破解了这个难题。

我们可以说,整合别人边际成本极低的资源是商业模式创新成功的基本原则。现在这种边际成本很低的、闲置的、被称为“价值剩余”的资源比比皆是,就看你能不能去思考、去发现。

3. 系统化

第三点就是系统化。系统化这个概念在座的各位一定经常听说,但是确切的定义很多人都说不清。所谓系统化主要就是三化特征，即标准化、流程化和结构化。

商业模式作为一种预设的确定性安排与运作，必须做系统化的思考。企业内的小系统、产业链的大系统等都具有这种特征。标准化表达的是规范，流程化表达的是效率，结构化表达的是优化。企业在这三个方面做足了功夫，确保标准化，平时不用管它，当出现异常情况再去修补，这就可以让很多老总从烦琐的重复决策中摆脱出来，平时只讨论发展，只讨论变化，只讨论异常，其他东西全部交给职能部门去完成。新员工上岗，只需要把标准化的岗位职责、岗位任务及时间节点等交给他学习，一清二楚，省了很多事。流程化，是通过平时的工作不断优化实现，这个功夫是必须下的，不要以为创办一个企业是顺其自然，走到哪儿算哪儿。

下面来看一个非常好的创新商业模式系统化的例子——深圳的上市公司格林美。有一个背景需要大家了解一下，深圳市的垃圾处理每年需要政府花费大量的资金。深圳的老虎坑垃圾处理场，烈日炎炎，为了防止垃圾自燃需要喷水，最后堆不下堆到路上，臭气熏天。有人要问，我们已经进入这个年代了，为什么不从源头上做垃圾分类？原因很多，其中老百姓习惯了不愿意花工夫是主因。深圳节奏这么快，花那个时间干吗？垃圾分类的宣传引导与教育，包括发传单、发纪念品等，收效甚微。而此时格林美公司创新推出了一个网上回收系统，名为“回收哥”，这种商业模式提供了很好的解决方案。

目前深圳做生活废品回收的约有 2.2 万人，他们大多在各生活小区周围工作。对于需要处理废品的住户，他们会上门服务，但因为他们与小区门卫的关系、废品价格的透明度、上门服务的便利性以及废品在小区门口周转的卫生环境情况等都很差，回收的效率与质量都没有达到比较高的水平。

格林美网上回收系统“回收哥”是一个全方位的分类回收平台系统，经过一到两年时间才建成。这个系统很庞大，大家到 App 应用商店就可以下载“回收哥”应用。当居民有废品处理需求时，如想处理废酒瓶子、废报纸，甚至旧家电、旧衣服等，不用出门，打开客户端，点一下“回收”，平台收到，接着就有人抢单，线下马上就有人联系你，实时沟通，线下生活废品回收者挂好工牌，穿好绿色制服，拿着带有“回收哥”字样的袋子推着车就来服务了。业主把家里东西给他，他用一个扫码的机器扫一下、拍一下，一会儿放到袋子里，而瞬时业主的 App 个人账户上就会收到钱，可另存取现。小区门口会有“回收哥”的物流循环车，废品放上车即刻可以带走。

“回收哥”系统化商业模式把原来小区门口的回收人员加盟整合了进来，收编培训，戴上帽子、穿上工服、挂上工牌，显得很规范，而加盟者与“回收哥”签订加盟协议，采取分账模式，按比例按月结算，他们都有价值回报，他们变成了利益共同体。这是典型的O2O平台模式，居民获得了方便、快捷的废品回收变现价值和愉快体验价值，易于形成珍惜资源的习惯，最后扔掉的就仅剩“厨余”(图6)。

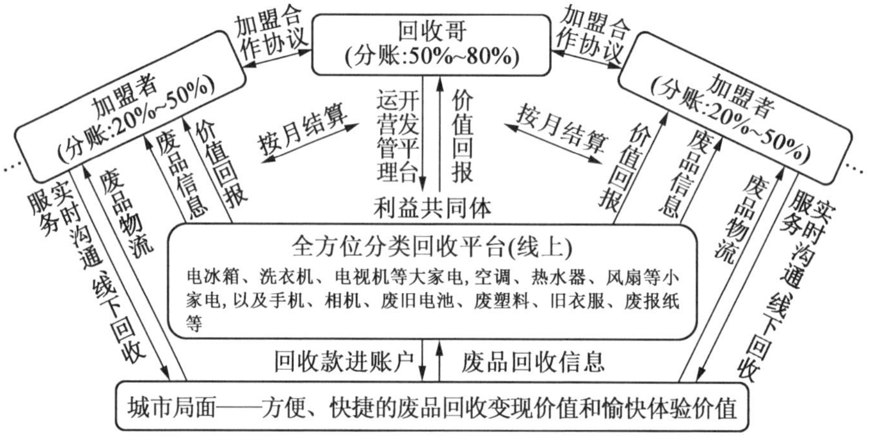

图6 “回收哥”的系统化商业模式逻辑

实际上今后小区里摆放的“可回收”“不可回收”两个垃圾箱留下一个“不可回收”的就可以。格林美的“回收哥”在武汉启动，现在回到深圳，但还没有普及，全面铺开还有一些边界约束条件需要解决，如原来回收人员的意愿问题，可通过适当加大加盟者分账比例和增加政府补贴的办法来解决，这是社会基层的现状。而在新的小区，“回收哥”可以通过和业委会、物业签订协议的方式，在门口圈地。

从结构分析来看(表2)，这个模式涉及的主体有四个，即“回收哥”、加盟者、城市居民和政府。

表2 “回收哥”商业模式系统结构分析

主体	创造的赢利点或价值点	持续性	交换资源及其边际成本
回收哥	分账收益,政府一定的补贴收益,企业绿色公益形象收益	可持续	分类回收平台、规范的运营管理及运营设备,有一定的边际成本
回收加盟者	增加了方便、快捷的稳定回收渠道,增加收益,从业素质提升、形象提升	可持续	正规流程的认证、培训等成本,回收操作能力,边际成本不大
城市居民	增加废品回收收益,方便、快捷且废品价格公开透明的回收服务和体验价值	可持续	生活废品,边际成本极小或无边际成本
政府	再生资源回收率提高,城市环境改善,实现规模化的垃圾分类、处理和循环利用	可持续	支持分类回收的政策,一定额度的政策补贴资源,边际成本不大

首先是格林美提供回收平台系统,有一次性的投入成本;但有长期的收益,而且是轻资产运营,人工基本上是加盟者提供,边际成本不大,是可持续的。加盟者参加正规流程认证,提供培训成本、回收操作能力做资源交换,边际成本不大,是可持续的。居民拿来交换的是生活废品,边际成本极小,且交换起来很方便,是可持续的。政府在四个主体中最高兴,政府拿出支持分类回收的政策,没有边际成本;一定额度的政策补贴资金,边际成本不大,因为一些回收价值很低的东西,人家不愿意回收或者回收的人工成本太高,政府给出一定的补贴,这比原来送到老虎坑那个地方去清理,再找包工头还要省钱;而且,环境好了,政府的土地升值了,从政府角度来说也是可持续的。这样有了多视角的可持续性,这个商业模式就具有了确定性。

这里我们说,系统化是商业模式创新成功所必需的功夫。格林美创新“回收哥”商业模式的精彩之举中,系统化起到了核心的作用。

4. 持续赢利

第四是持续赢利。只要瞄准客户价值最大化,一定会有收益,只要对别人有好处、有价值,一定会有越来越多的人帮你。这是互相帮助的社会,一毛不拔永远没有好朋友。持续赢利是客户价值最大化的客观结果,能否持续赢利本质上也是检验商业模式的唯一外在标准。

我们用一个例子说明,这是苹果应用程序商店的持续赢利商业模式。2008 年 7 月上线以来,它用 3:7 的收入分成极大地调动了应用程序开发商的合作意愿。表 3 是苹果应用程序商店的一份资料,可以看到,2008 年7 月10 日 500 款应用程序上线,到 7 月 13 日超过 800 款,突破 1 000 万次下载量,持续暴涨,到了 2013 年 10 月突破 600 亿次下载量。按照 3:7 的分账,苹果公司给了开发者 130 亿美元的分账。到了 2015 年 11 月,下架了 100 万款,仍有超过 150 万款,自 2008 年来已向开发者支付达 1 300 亿美元分账,而到了 2016 年 9 月已经有了 1 400 亿次的下载量。

表 3 App Store 平台下载量、应用数量一览表

序号	日期	下载量	App 数	备注
1	2008 年 7 月 10 日		500 款	
2	2008 年 7 月 13 日	突破 1 000 万次	超 800 款	
3	2008 年 9 月	突破 10 亿次		
4	2009 年 9 月	突破 20 亿次	8.5 万款	
5	2011 年 1 月	突破 100 亿次		
6	2012 年 3 月	突破 250 亿次		
7	2013 年 10 月	突破 600 亿次		给开发者 130 亿美元分账
8	2014 年 10 月	突破 850 亿次	超 130 万款	
9	2015 年 11 月	已超 1 000 亿次	超 150 万款	下架 100 万款,2008 年来已向开发者支付 1 300 亿美元分账
10	2016 年 9 月	1 400 亿次	253 万款	

我曾在 1998 年带一批研究生去青岛海尔公司参访。海尔的创新在家电业是很有名的,特别是每两天诞生三个专利的速度给我们留下了深刻的印象。这主要得益于他们对研发的重视。海尔有一个规模很大的中央研究院,投入的研发成本很大,带来的收益也很大。我们研究苹果的应用程序商店商业模式,苹果光拿来分账的就有 1 300 亿美元,它自己另外的 30% 是多少钱? 苹果为它又花了多少钱? 对比海尔中央研究院投入专利储备的成本,简直不是一个量级。应用程序商店就是典型的轻资产、低边际成本、可持续的模式。

苹果商业模式是平台模式,它与全世界应用程序软件开发者 3:7 分账,注册后平台提供开发工具包,还提供培训,每年 99 美元注册费。苹果公司负责开发平台并运营管理线上的交易平台,App 开发者向苹果用户提供软件产品和封闭式的软件服务,70% 收费,30% 不收费,而应用程序下载收入用于价值回报的分账,按月结算,统计分析和处理的用户需求信息,由平台方应用程序商店传递给应用程序软件开发者,开发者对软件自主定价、自主调价。这么一个大平台也就成了苹果公司的一个巨大提款机。除了形成了这样一个利益与风险共同体之外,还产生了巨大的线下效应:海量应用程序的出现,促进了线下苹果硬件的销售。苹果公司与中国电信、联通等合作商合作,使苹果的 iPhone、iPad 等产品销量大增。因应用程序广泛的选择可能,带来了线下收益,我们把这个称为非典型 O2O 平台模式,这是线上到线下的辐射带动,看似复杂,实际上很简单(图 7)。

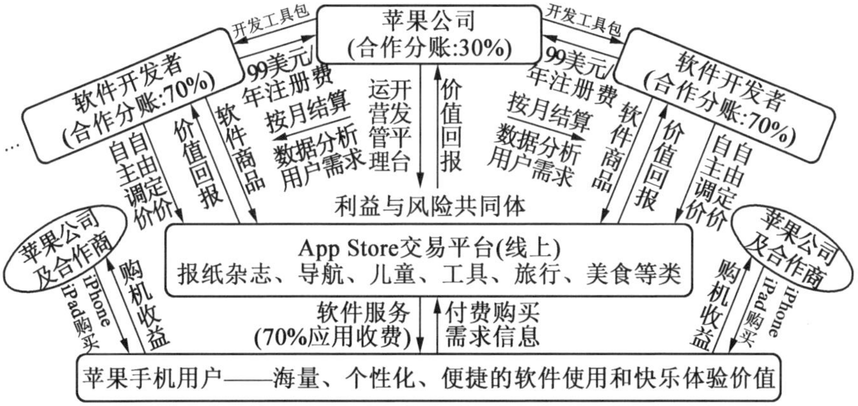

图 7　苹果 App Store 交易平台的持续赢利商业模式逻辑

而从苹果应用程序商店商业模式结构分析来看(表 4),苹果公司及其合作商提供平台和运营管理,以此作为资源交换,轻资产,边际成本很小,具有可持续性;软件开发者用编程技能和大量的业余时间来作为资源交换,编程由自己负责,边际成本低,可持续;苹果手机用户是用苹果手机购买费用、App 购买费用来作为资源交换,性价比高,边际成本也不算大,也可持续。从而苹果应用程序商店商业模式具有确定性,当边际成本很低、资源被整合到一个系统时,就很稳定。只要苹果公司存在,这个应用程序商店平台就会永远存在。

表4　苹果 App Store 平台商业模式系统结构分析

主体	创造的赢利点或价值点	持续性	交换资源及其边际成本
苹果公司及其合作商	App 软件分账收入,增加了终端产品的产品溢价,反推 iPhone、iPad 的销售	可持续	App Store 平台、运营管理,轻资产,边际成本很小
软件开发者	软件公司、草根开发者的价值满足,App 软件分账收入	可持续	编程技能和大量的业余时间,边际成本低
苹果手机用户	海量、便捷的软件使用和快乐体验价值	可持续	苹果手机购买费用、App 购买费用,边际成本不大

商业模式持续保有优势的一个关键是进入模式主体的稳定性。苹果应用程序商店商业模式三个主体都是稳定的,轻资产的苹果应用程序商店是稳定的,并不需要大量人力去支撑与维护。

5. 整体解决方案

第五个要素是整体解决方案。我们说持续赢利需要不断地唤醒很多赢利点,让"价值流通起来"。我曾在 20 世纪 90 年代去山东一家煤矿讲课,讲"市场经济理论"。讲完后矿长说:"刘老师你讲得挺好,我们都明白了,但是最近我的煤不好卖,你不是搞市场经济吗? 你能告诉我怎么卖煤吗? 帮我想想主意。"我说:"我帮你想一想。据说有一家煤矿是这么做的:到城里数烟囱。北方地区当时都是一家一户式的单位供暖,数好烟囱记下单位名称后,派出高级营销人员上门推销,说我的煤比你原来的煤便宜,热量大卡比原来的还高,要不要? 人家说不要,我们已经签协议了,我们要信守合同。攻不下来,接着说第二句话,人家就同意了,说不光价格比别人便宜、热量比别人高、煤好,而且还知道你的锅炉房有 24 个人在烧锅炉,我们从矿上派 24 个人免费帮你烧锅炉,他们很专业,怎么样? 你算一算从 10 月烧到第二年 3 月,省 24 个人工能省多少钱?"这个模式,我讲完就走了。过了几个月我又去时,矿长说,刘老师你那一招不管用。我说你真派人去数烟囱啦? 他说是,已经派人数过烟囱了。我说创新是不能复制的。他说怎么办,我的煤还是没能卖出去。我说实际上从市场经济来说,要持续地解决问题,就要进一步发掘、进一步延伸,有一个整体解决方案,你试一试,据他说也是试了,居然成功了。

整体解决方案就是持续跟踪、持续创新,它的关键在于“最优实现”“多个赢利点”和“企业能力的整体体现”。

天下攘攘皆为利往,模式里都是因缘巧合在某个时代的产物。发掘并满足客户持续需求,并形成尽量多的赢利点是商业模式创新成功的稳定器。我们有句话叫“东方不亮,西方亮”,还有一句话叫“羊毛出在猪身上,让狗买单”,都说的是整体解决方案。

6. 核心竞争力

最后一个要素是核心竞争力(图 8)。核心竞争力不仅在商业模式中有它的地位,所有企业经营都盯着核心竞争力,如何做到与众不同?在新兴产业领域,特别是层出不穷的各种互联网 + 领域,如何才能不被迅速覆盖迭代掉?核心竞争力是内在力量。

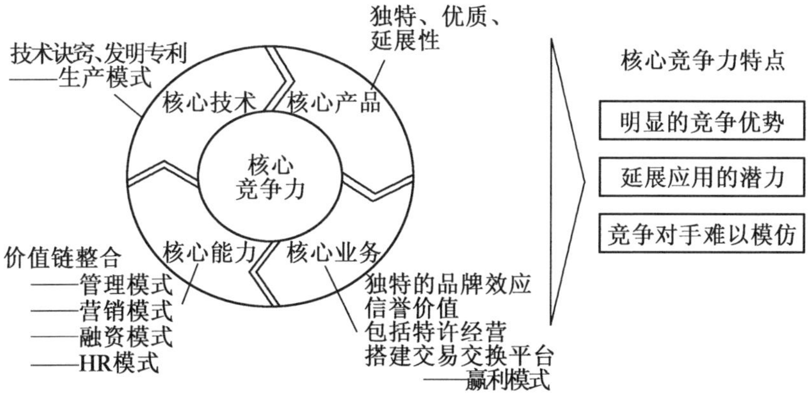

图 8　核心竞争力内涵与特点

首先要有核心产品,它背后支持的是核心技术,核心技术背后有核心能力,核心产品延伸出来的叫核心业务,这“4 个核心”合起来就是核心竞争力。企业在这 4 个核心里面是不是具有与众不同的内涵?比如说产品是否独特、优质?具不具有延展性?技术上是否有诀窍?有发明专利?管理模式、营销模式、融资模式直至 HR 模式是否具有价值链整合特征?核心业务是否具有品牌效应?是否具有较高的信誉价值?是否具有壁垒性的特许经营?最后形成三个外显特征:明显的竞争优势,延展应用的潜力,竞争对手难以模仿。“竞争对手难以模仿”最重要,是核心竞争力中的核心。

举一个例子,知名的花样年物业,最初发展中有一个巨大的痛点,即小区业主买房子时签协议,物业费初始每个月每平方是固定数,如两块八,随着时间推移,物业管理的成本刚性上升,特别是人工成本,但是物业管理费不能上涨,因为业主极不情愿甚至全部反对,最严重的情况是全体业主把物业管理公司赶出去,重新找物业管理公司。实际情况的确需要更多物业管理费,有的物业公司用降低服务标准来对付,结果是业主连物业管理费都不交了,导致物业管理更难以运行。有的物业管理公司想出办法来,在电梯里做分众广告,或者将小区停车场的流动车位向外部车辆开放,停车收费,业主们也不满意,认为公共资产的收入要分账,不能由物业公司独占。总之,相关乱象层出不穷。

花样年的物业管理也面临着同样的问题,但是它另辟蹊径,用创新商业模式解决了问题,原来的两块八不升反降,降到两块五。结果业委会好高兴,小区业主好高兴,旁边的小区坐不住,纷纷来请花样年去做物业管理,所有人都高兴,于是它越做越大。花样年物业管理首先提出一个理念,认为物业管理一是物的管理,一是人的服务。一下子将物业管理拓展到了人的服务,将日常的物业管理与对人的增值服务结合了起来。花样年物业管理从2000年左右开始做社区电子商务网站"彩生活",一家家动员,你到我这儿买,比到超市里买要便宜,是集中采购,物业管理员巡逻的时候顺便就扛着大米送到你家,反正他要巡逻。生鲜是早上下单,中午做饭前送到家,啥东西都有。这种有说服力的模式,让业主们容易相信。于是它获得了大量采购的议价权,商品的提供商不仅有超市还有供应商给它的规模购买价,"彩生活"将低于市场价的商品配送给小区业主,赚取差价。而小区传统的物业管理与服务照常进行,花样年物业管理还把"彩生活"赚的差价一部分拿来补贴物业管理,于是业主们交的物业管理费不涨反降了,我们说这就是一个与众不同的、在当时的核心竞争力。这里体现的是小区业主的客户价值最大化,有资源整合、有高效运作、有系统化设计、有持续赢利的确定性逻辑。进一步的口碑传播后,其他小区业主纷纷邀请他们去做物业管理,物管规模扩大,"彩生活"的规模跟着扩大,使得"彩生活"线上购买的议价能力更强、更稳定。现在业主们已被黏住了,它比后来的淘宝定向性、及时性更强,后来它又延伸到了很多领域(图9)。

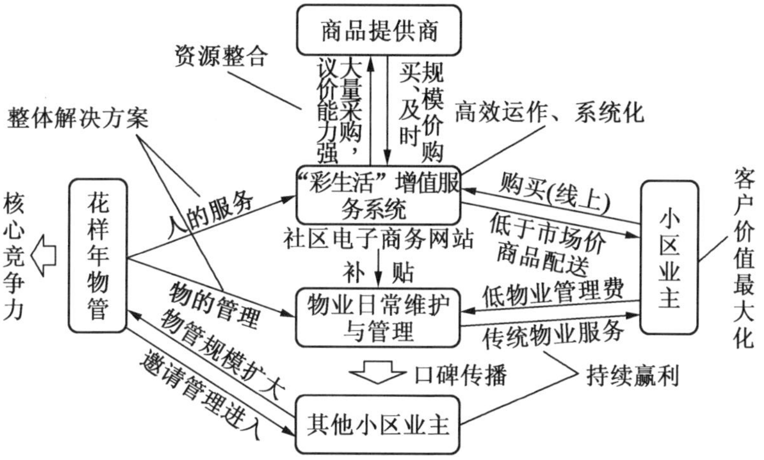

图9　花样年物业管理价值链循环商业模式创新

这里在形成价值循环的同时最终形成了独特的核心竞争力。显然核心竞争力的构建是商业模式创新成功的最终保证。德鲁克说，当今企业的竞争，不是产品之间的竞争，而是商业模式之间的竞争。

四、结语

以上的商业模式创新漫谈，着眼点是六个要素，我想问大家这六个要素之间有什么关系。这里我用一个逻辑图来说明。

客户价值最大化是我们的逻辑起点，持续赢利是我们的最终落脚点。请问，有了客户价值最大化理念，就一定能够持续赢利吗？不一定，中间有一个变量叫资源整合，资源整合指向持续赢利，但是资源整合了就一定能持续赢利吗？不一定，还要看很多功夫，这里面有调节变量。第一个调节变量是整体解决方案有没有持续跟进。那么，又如何让整体解决方案成为可能？它的背后有一个支持因素，就是它的一个前置变量——核心竞争力，有了核心竞争力才能够做出整体解决方案，否则很难做得出来。此外，还有一个调节变量就是系统化功夫。

客户价值最大化是理念，它具有导向性。核心竞争力是核心，表达持续性；系统化则是规定性，即所谓的标准、流程和结构；资源整合一定要具有激励性，才能够让进入商业模式系统的主体稳定，边际成本低，相互资源交换。这六个要素相互作用、缺一不可(图10)。

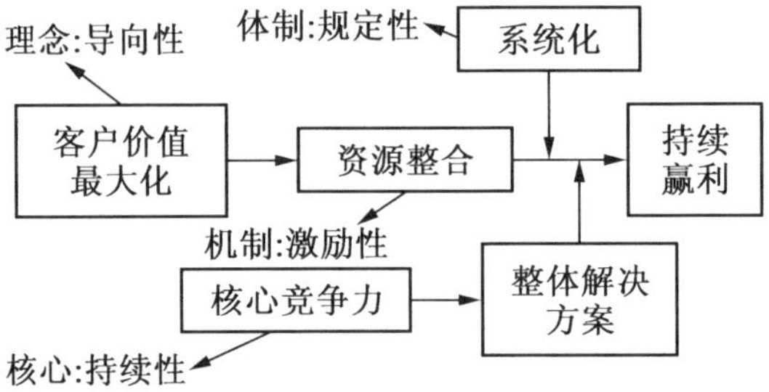

图10　相互作用、相互依赖、缺一不可的六要素关系示意图

今天我们基于商业模式创新做了一个结构化的介绍,为什么众多的企业当中,有的平步青云,有的开张时轰轰烈烈,随后历尽艰辛不知所“错”?不可否认的是,很多人知其然,而不知其所以然,对商业模式的认知没到一定高度,所以开始时,假想着赢利,不断地去试错。互联网和创新创业大时代给我们提供了一个良机,如果把商业模式嫁接到这样的良机和效率上来,我们就会让企业的赢利性做得更加持续。我今天的讲座就到这里,谢谢各位!

提问环节

【主持人】谢谢刘军教授,让我们再一次把掌声送给刘教授。这是一场公益性讲座,在刘教授提出“干货”这个词之前,其实我就已经和我的同事在说,本场讲座绝对不是忽悠大家,而真的是一节MBA课程,非常完整和系统。我还看到很多听众拿笔在不断地记,并且不断拍照,今天冒着大雨来,能够让大家不虚此行,我也感到非常高兴,这也是我们大学城讲座的一个初衷。因为刘教授已经站了很长时间,所以接下来的环节,我们只安排5位读者与刘教授互动,每位读者只能有一个问题,用简短的语言描述出来,您的问题最好是围绕本场讲座,如您已想好,可举手示意。

【提问】您好!刘教授,我是从事媒体工作的。刘教授能否对时下最火的共享经济做一个商业模式的探讨?

【刘军】非常好的问题,实际上大家通过刚才的漫谈,已经能够解读共享经济。共享经济往深了讲,就是“让价值流通起来”,让闲置的价值流通起来。我们讲资源整合,讲让边际成本很低的资源整合在一起,讲客户价值最大化,本质上就是一种共享、分享的概念。为什么我今天很高兴来做这场公益性讲座?因为我很想共享,把商业模式创新的概念专业性地、通俗易懂地、结构化地共享给大家。我希望有更多的思考者去想,这时商业模式的智慧就会得到放大,这就是共享的意义。共享经济应是大众经济,而不应该是精英经济,只靠少数人不行,因为少数人不能覆盖所有的智慧角落。我们要透过大众思维把很多的边角、未流通的价值聚集起来,所以组织很多沙龙互动,就是为了激发商业模式爱好者、专业设计者,形成一个商业模式讨论的价值网络。这样的话,共享经济的理性春天指日可待。谢谢您的问题。

【提问】刘教授您好!我是北大汇丰商学院 MBA 项目的学生,我刚才听到您讲商业模式是我们李振勇教授的系统论,我想请教一下,您为什么选择李振勇教授的理论进行您的商业模式研究,这个理论和魏朱商业模式理论有什么区别?

【刘军】今天的公开讲座带有较强的普及性,所以今天的商业模式创新漫谈聚焦在商业模式的创新逻辑与案例上,用逻辑表达。设计商业模式,首先必须逻辑合理,然后要做详细的财务可行性分析,投资收益率、内部收益率要算清楚,还要开展市场调查与分析,涉及技术与政策时还应分析技术可行性和政策空间等问题。经济、技术、市场及政策等方面的可行性都有了可靠依据,商业模式创新的逻辑才能够最终落地。谢谢您的问题。

【提问】您好!刘教授,我问的问题是关于这几年比较流行的租赁经济的,就像共享单车,有很多人说这是好主意,但不一定是好生意,我不知道刘教授怎么看待这个问题?现在很多资本在涌入,我想问一下您的建议,它将来会怎样发展?

【刘军】共享经济是这个时代发展的要求,它一定是向前走的,并且会被不断完善。共享经济在一些项目上的体现,比如说共享单车,本质上是让闲置的资源价值流通起来。具体到商业模式一些要素的环节设计上,有很多着眼点,比如说客户价值能不能获得最大化?共享单车确实是实现了。政府高兴,骑车的人开心,原来不骑车的现在开始骑车了,政府原来治安有问题,桥底下经常有卖旧单车的,现在没人卖了,因为没人买,所以对治安有利,车也不用上锁了,没人骑走,人家花五毛钱随便骑。但不可否认,在商业模式的系统化(标准化、流程化和结构化)与整体解决方案两个要素设计上功夫没到位。摩拜也好,OFO也好,在系统化上都有一些毛病,比如说流程化与结构化上的问题,效率不高,环节能力不够匹配,车被人家挂树上也没人把它清走,车胎被拿出来也没人及时处理,相应的物流环节能力跟不上。我曾看到他们的物流车在清理,但时间拉得过长,让人感到乱象不少。还有的停在高速公路旁边、停在汽车道上,经常有坏车打不开锁,定位了事,这样的问题能不能够尽快处理好?因为那几款共享单车的侧重点不一样,像OFO做得便宜一点,可能损坏的周期短一点,摩拜做得结实一点。共享单车公司不能埋怨使用者,是你自己的标准化、流程化、结构化没设计好,应该赶快弥补,否则这个模式会被侵蚀掉。另外,在整体解决方案的要素上,比如共享单车里的连带价值如何体现?没有设计,功能性的结构设计能不能再添加一些,如放手机的架子等。共享商业模式是包含多个要素的完整系统,不是单项的,不是简单的资源叠加就可以完美实现的。系统化整体解决方案方面的欠缺和不足,可以平行改进,不必求全责备,甚至进行限制。新的共享商业模式自有它本身的运行规律,相信市场会选择的。我最后想说一句,共享经济是我们的未来,这是不容置疑的。

【提问】刘老师您好!我是社会读者,我是从事金融资管工作的,我发现一旦有新的商业模式出现就很容易被复制,像金融资管这类,如何在提升我们核心竞争力的同时,减少被人复制的可能性,这是我想探讨的问题。

【刘军】这是一个很有价值的问题。2017年4月1日,国家知识产权局宣布《关于修改〈专利审查指南〉的决定》已经通过并开始实施,最重要的一项修改是“涉及商业模式的权利要求,如果既包含商业规则和方法的内容,又包含技术特征,则不应当依据专利法第二十五条排除其获得专利的可能性”。当然,商业模式在中国很容易被一拥而上竞相模仿。从宏观效应上看,后来者跟进,让我们更为奋进,在前头领跑。那如何不被赶超?第一,从国家层面来说,现在商业模式如果连带含有技术就可以申请专利,可以被保护。但如果不加分辨,只要是商业模式都一概保护的话,也并不利于整个商业系统的改进。美国也对自己过去的做法进行了反思。商业模式的独特性还是在于比别人跑得更快,跑的姿势不一样,让别人学不到。

在商业模式讲的六大要素中,有两个要素可供你们参考,第一是系统化,我们做足了功夫,别人会望而却步,更多地去选择加盟,以减少无谓的社会成本。第二是核心竞争力，如果你有“模式＋技术”的专利，如果你有诀窍支持的核心业务，别人就很难跟进。“钱大妈”之后曾在深圳出现王大妈、李大妈，都是一时兴起而已，最后因为“钱大妈”背后那套系统很强大、很难跟进，最后就不见了。打造自己的系统化和核心竞争力，下足功夫，我们会特别坦然和持续领跑。

【提问】刘教授您好！我是一名银行外汇工作人员，您刚才提到的在商业模式中需要很多资源整合，像摩拜单车和OFO现在一些投资收入可能是从押金和按时收费中获取，是在社会资源整合过程当中得到的，但它们还有没有其他延伸价值，比如说恒大发展出了恒大冰泉、恒大皇马等，您觉得共享单车在这方面会有怎样的价值延伸？

【刘军】不错的问题。现在很多款共享单车还不够成熟，它们的高效运作系统化、整体解决方案、核心竞争力和持续赢利都存在一定问题。摩拜的核心竞争力还好，它的车设计得很特别，别人模仿起来较难。其赢利模式正如你刚才所说，一是资金池，二是骑行收费。积少成多，算一算也不少钱，但它的风险投入是巨大的，资金池又涉及一些群体性风险，如出现兑付困难的话挤兑困境立马呈现，资金池是周转不过来的。所以一些城市如深圳市已出台一些监管政策，限制它的资金池的使用。一些共享单车已经出现了押金退款难的现象，要引起注意，不然就会被挤出市场。当然，共享单车的押金还带有众筹的特征，你交299，他交299，多少万人总数就不得了，拿来集中办大事就能创造社会财富，这是好事，但必要的限制，如准备金规定都是必需的，政府出面规制，减少非诚信行为，促进健康共享经济是必要之举。另外，价值延伸还有没有？可以反其道而行之，不要再做大众化的低边际收益的选择，如广告等。可横向拓展，把共享单车做成更多类型，放到公共场所，如让老人骑保险一点的老人车等，这个延伸就是整体解决方案。谢谢您的问题。

【主持人】谢谢，再盛大的宴会也有结束的时候，感谢刘教授，同时我们也为您送上大学城管理办公室颁发的演讲纪念证。大家再一次把掌声送给刘教授，请上台，另外也请哈尔滨工业大学的两名义工同学过来和刘教授一起合影。

论经济转型与绿色领导力

演讲人：黄海峰

讲座时间：2017 年 9 月 9 日

讲座地点：深圳大学城图书馆

主讲人简介

黄海峰教授，德国柏林洪堡大学博士，现任北京大学汇丰商学院教授、北大汇丰绿色经济中心研究主任，兼任国土资源部国家特邀国土资源监察专员、国家留学基金管理委员会评审专家等。长期专注于转型经济、绿色经济、绿色管理与绿色金融。主持过欧盟总部召开的中欧高层学术论坛，参与过联合国环境规划署《绿色经济报告》的编写与讨论，与国内外著名学者合作出版了十多部有关经济转型、绿色经济和企业社会责任等领域的学术专著。主笔撰写的《德国循环经济研究》专著荣获教育部高等学校科学研究优秀成果奖。

主要内容

面对 21 世纪的经济转型，实现经济的可持续发展，需要一大批具有绿色领导力的人才。讲座从经济学、管理学视角，以生态文明理念为核心，阐述经济发展过程中，如何建立绿色发展、低碳发展和循环发展的绿色转型模式，以及善经济、善管理的思想和宽容、理性、关爱的领导艺术。通过真正把握领导力的高度、厚度和广度，理解“财富经济”向“慈善经济”的转型过程，参与社会健康可持续发展的历史进程。

一、总论

经济转型是经济学的一个崭新领域，我在30年前把经济转型作为我的博士论文题目；而绿色领导力是管理学范畴研究的领域，把经济转型和绿色领导力联系在一起，这就具有学术的研究性和挑战性。我们看到在世界的发展变化中，中国正处在经济转型阶段。什么叫经济转型？从过去粗放式的经济发展模式转型到今天所强调的绿色经济、可持续发展的模式，这就叫经济转型；从过去的计划经济向今天的市场经济进行转型，这也叫经济转型。经济转型靠谁来转？是社会自动转，还是靠人来转？这就有不同的观点。有人说制度是非常重要的，靠谁制定制度？靠人。如何让人在社会当中更多关注经济转型的内涵以及把握经济转型的方向，需要这个人具有绿色引导力，如果我们把今天的社会称为绿色经济的开始阶段，那么20世纪的发展模式就可称之为棕色经济的发展模式：高消耗、高污染、高排放。这种三高特征就必然导致我们的经济发展是非绿色的。

今天强调的是高效率、低排放、低污染甚至零污染，这样的一种发展模式我们称之为绿色经济。推动经济转型的整个发展靠什么？靠我们所有人，靠我们在座的青年学生，因为你们中的很多人将来会成为社会的领导者，所以今天我把这些研究课题给大家做一个汇报。我最早是理工科学生，后来我认为经济的运行机制也非常重要，所以我又到北京大学经济学院学习经济管理、金融，再后来我发现除了工业、经济之外，其实很重要的是制度，我又开始进行制度经济学的研修，所以我在三个不同的领域都有所涉猎，但是我现在更多认为是人心，就是你的心态决定你的姿态。

首先介绍我自己，也便于今后很多同学对我们的学校有所了解。我们大学城首先是一个绿色大学城，它包括哈工大、清华和北大等高校，这儿可以说是中国共享管理的典范，所以我非常高兴在大学城向大家汇报我的工作。在10年中，我主要针对中国经济转型、中国经济创造、中国绿色转型、中国绿色创新写了4部专著。我的博士论文是关于中国区域层面的经济转型的，把可持续发展作为社会发展的一个非常重要的领域，在30年以前是具有风险性和挑战性的。因此，我今天非常诚恳地感谢我过去的指导老师，世界著名的历史学家费路教授以及德国著名的经济学家、柯伦大学的校长古德曼教授，他们一个从历史的角度、一个从经济的角度指导我研究中国的经济转型，在这个过程中我自己也实现了一种全面的转型。

二、中国经济转型

我今天的汇报分为两个部分:第一个部分是经济转型,第二个部分是绿色领导力。我们为什么研究经济转型?我曾经参加很多论坛,这些论坛讲幸福、经济的生活方式和社会的发展方式,后来我归结为三个方面:一个是追求卓越,一个是富享人生,一个是造福人类。通过对这三个方面的研究,我们把注意力集中在今天所讲的议题,因为经济转型和绿色领导力关系到个人生存、家庭生活和社会发展,它是社会的重要课题。

我首先给大家做一个宏观经济政策的测试:你到底对中国现在的经济政策有哪些了解?我相信在座很多学友通过了很多考试,也了解很多,但是你未必对现在的经济政策有所了解,不相信我们来试试。第一个层面,什么叫中国经济的新常态?什么是我们今天所倡导的经济社会的发展理念?什么是五位一体?第二个层面高一级,什么是中国经济的发展模式?什么叫宏观调控的三重奏?什么是中国经济转型以及如何转型?这个完成之后再测试一下,什么是中国经济的关键问题?什么是供给侧改革?什么是绿色领导力?影响我们绿色领导力的效用因素有哪些?领导人与领导力的关系是什么?这些问题都是给大家做非常简单的介绍,也希望在座的学友们开始思考这样的问题,这个答案非常明确,也非常简单,通过今天汇报工作,我希望每个人都对这些基本问题有所了解。

新常态要抓住三个要点:第一个是速度的优化,要从过去的高速增长转为今天我们提倡的中高速、持续增长;第二个是结构优化,我们的经济结构要不断优化升级,要把第三产业消费需求逐渐变成我们的主体,要逐渐缩小城乡区域的差距,待会儿我会用很多案例来证明结构优化带给社会的好处,看它如何把发展的好处最终落实到普通民众身上;第三个是动力转换,过去我们通过要素驱动,要素驱动更多的是通过投资驱动,但是今天我们所倡导的是要转向创新驱动,过去我们通过大量资源的耗竭,如大量的矿产资源、煤炭资源以及石油资源的开采达到经济增长的目的,我们今后或者现在开始要更多通过效率的提高、创新驱动对动力进行转换,这是新常态。

新发展理念有10个字:创新、协调、绿色、开放、共享。这10个字是党的十八届五中全会提出来的,接着又在10个字中间加了另外几个字,创新变成崇尚创新，协调要注重协调，绿色要倡导绿色，开放要厚植开放，共享要推进共享。今天很多同学骑着共享单车过来，这就是在新的理念下滋生出来的新的商业模式。

经济转型和我们今天所提到的领导力有什么关联？这也很重要。领导力，特别是绿色领导力不是生来就有的，它要根据社会的需要进行自我培训。一个没有绿色思想的领导者，他的决策往往是耗能型、污染型，会对社会造成极大危害；具有社会责任、具有绿色思想的领导者往往对社会更加具有责任感，也能够造福于千秋万代，所以领导者的绿色思想、社会责任的高低决定了一个社会的最终成败。

在这方面，团队就像交响乐队（图1）一样，它需要一个有领导力的指挥，还需要所有定位、功能的和谐化，所以通过交响乐可以感受到领导者和团队之间的互动关系。我曾经到苏维尼尔商学院进行领导力的交流，我讲解我对领导力的理解，对方的教授也介绍他们对领导力的研究成果。他告诉我一个精彩的故事，他说他们教授的领导力不是在教室里，也不是在讲堂里。我问在哪儿。他说他们带着所有同学直接到交响乐队去，他们事先得到许可，每个同学选择一个交响乐队的演奏人员，坐在旁边去体会他和指挥之间的关联。作为一个领导者，如果你和你的同事之间的关系，各个部门领导的关系不用通过语言，而是通过眼神，通过心灵沟通就能达到和谐一致的话，你这个团队将是一个不可战胜的团队，这就是领导力的艺术训练。

图1　交响乐队

因此,作为一个领导者本身就要像交响乐队的总指挥一样,对你的团队的各个方面功能都要了如指掌,这样才能使这个团队更加有效,演奏出一首非常精彩的乐曲。同样,在经济转型过程中,如果要做到有序地、可持续地、和谐地发展,领导者的个人素质是非常重要的,如果他什么都不懂,瞎指挥,整个经济发展有可能因为他缺少领导力而受到阻碍,所以今天我们走进第一讲——中国经济转型。

经济转型的提出围绕三点,不管你学什么学科,我想首先请清华大学的同学回答一下,世界上做什么事情最美?哈工大的同学请谈谈第二个问题,世界上做什么事情最具有成就感?请问北大的同学,世界上做什么事情最快乐?从经济学角度来讲,作为一个领导者,你思考这些问题的角度往往需要更加深入。这些问题不是我提出来的,是哈佛大学商学院的面试题,有时候我们亚洲的学生去报考的时候成绩很高,一到面试就过不了关。

我把这三个问题融在我的一本书——《中国经济转型之路》里,通过理论、战略、实践、保障和展望五个方面回答这三个问题(图2)。我们今天简单地回答每个问题。做什么事情最美?我的回答是两个字:"做梦。"往往最简单的问题蕴藏着最深刻的道理,做梦其实就是计划,在做梦之前有很多冲动,做的梦就是美梦,如果你做梦之前发生很多不好的事情,可能做的梦就是噩梦,所以要带着美好的心愿去做梦。

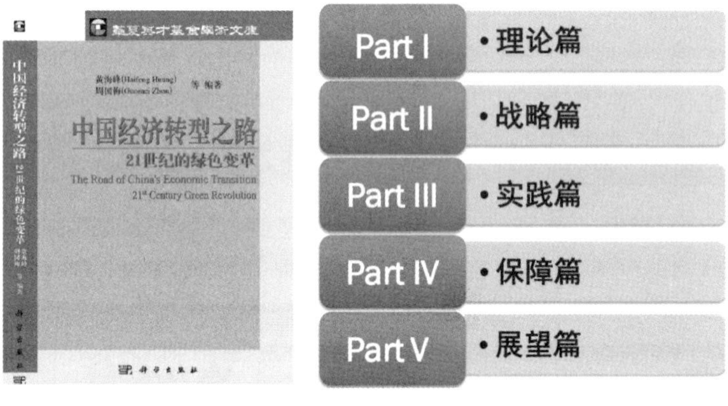

图2 《中国经济转型之路》章节

世界上做什么事情最具有成就感?两个字:"圆梦。"光做梦不圆梦怎么会有成就感?圆梦就有成就感。

世界上做什么事情最快乐？我个人认为四个字："价值体现"或者"价值实现"。你光有成就不行，还要体现你的价值，这个价值不仅是个人的价值，还要代表社会的价值。如果我们的经济转型从这三个角度来提出问题的话，答案就是使得经济转型能够产生中国奇迹。因为在20世纪的时候，西方的工业化的确带来了生活的便利，我认为这一光荣的使命已经载入史册，但是它没有解决一个最大的问题，就是贫富悬殊以及资源短缺，使得我们对过去的经济发展模式产生了诸多质疑，而且使中国经济长期粗放式增长，拼资源、拼环境、GDP至上，甚至推行一些高耗能产业，而不是发展公共交通。

2002年，我参加一个市长交流活动，我是唯一提出北京要大力发展公共交通的，当时99%的意见都认为北京市只能发展小汽车，后面是一个标注语——"来钱快"。现在中国已经有22个省、区、市将汽车工业作为支柱产业，使得中国本已紧张的资源雪上加霜，所以在这种经济模式下我们主要面临4个方面的污染，即水污染、空气污染、土地污染、食品污染。

学经济的都知道，当不能喝自来水，而要买矿泉水的时候，老百姓的经济成本会增加多少？这是一个小问题，个人损失了，它还刺激经济发展。但是当一个国家、省、地区缺水的时候，那将是灾难。有绿色领导力思想的人就会想到，我首先要培养一批绿色的领导者、绿色的企业家。如果大片的区域缺水的话，领导人要怎样解决这个问题？所以这中间，经济学的政策以及管理学的决策就相互关联，如果一个领导者懂得经济，又懂得绿色领导，他做出的往往是另一方面的决策。

第二是空气污染，经济发展的模式过去是棕色经济，它导致很多污染。我曾经研究过北京市的垃圾问题，为了借鉴他国先进经验，还对德国循环经济进行了研究并专门撰写了一本学术专著叫《德国循环经济研究》，这是中国最早的、全面研究德国循环经济的资料，最后这本书获得了国家级经济学奖。为什么阐释循环经济？简单举一个例子，在座的所有同学可以思考一个问题，您的家庭、您本人、您所在的社区、您所在的城市，有没有一个社区、一个城市、一个家庭做到完全垃圾分类？都没有。大家想想，就这么一个小的行为就能决定一座城市的雾霾，为什么？理由很简单，当垃圾不分类的时候，垃圾就真正成为垃圾。我们的解决方案是垃圾填埋，垃圾填埋以后造成地漏怎么办？就污染了地下水。

一个缺水的城市如果没有循环经济的思想,没有正确、绿色的管理思想,其经济发展就是耗能型的发展。垃圾填埋要产生地漏,土地已经涨价,因此北京市全面进入焚烧阶段。因为垃圾不分类,它的热值达不到850摄氏度,就产生二噁英、雾霾,所以空气污染就来了。一个决策者在做出决策之前是否具备绿色思想,有没有绿色领导力,光有经济能力不够,还要对绿色、环保、可持续性以及生态做全面了解。

土地污染更多了,这方面也是研究的重点,土地污染就导致食品污染,食品污染比比皆是。

在座的各位同学,你们将来可能会成为中国绿色转型的领导者。但是在你担任领导者之前,你知道中国有哪些难题吗?第一道难题是资源的总量和人均量的不足。2011年中国天然气开采量占世界总量才1.7%,到2015年稍微高一点,我们加强天然气开采,总量占到2.1%,但是还不够我们使用。2011年原油也是一样,只占世界开采总量的1%,当我们不能进口原油的时候,您的车就是一堆废铁。

第二道难题是资源的消耗增长速度惊人。一方面我们缺少资源,另外一方面我们不强调节约以及效率,我们的资源消耗惊人。比如说你是设计师,设计的建筑,既要高排放,又要高污染,还要高消耗,这个建筑就是一个灾难。如果你设计一个交通轨道,开车想掉头,还要开半个小时,一天10万辆车耗多少汽油?现在北京市的交通问题非常严重,深圳市也出现了。

第三个难题是对外资源的依存度高。大量的资源采购需要建立良好的国际采购关系。我们虽然经济在发展,但是经济发展80%以上的资源来自于从外面采购,外交关系如果不好,就会对中国经济有很大的影响。

第四道难题是资源的重复利用率低。为什么中国要发展循环经济、低碳经济以及绿色经济?你再不发展,再不使用过去浪费掉的资源作为你的资源,就有可能导致你资源效率低下。

在这些问题中间我们归纳一下,资源消耗增长过快、资源的利用效率过低、资源的再生率不高是我们面临的主要难题,所以我们要从经济管理的战略性层面看待中国今天的发展,在这中间我们要吸取西方国家的发展经验,比如说在过去有几本影响人类发展史的书，大学城图书馆里就有，第一本叫《增长的极限》，第二本叫《寂静的春天》。其中《寂静的春天》的作者是一位美国的化学家，她通过化学的研究发现致命的问题——人类生存的问题。因此写下《寂静的春天》，当你看到史诗般的作品的时候，你很难相信作者是学理工出身的，这本书完全是一部文学作品。罗马俱乐部的智库写下的《增长的极限》，为人类敲响了警钟。这些书引领世界环保运动，促使我们对未来发展进行思考，希望大家有机会看看，作为你的心灵读物。

因此，在这些书以及其他很多思想的影响下，我们有了环境的意识，有环境意识就需要有绿色领导力。生态文明的提出是我们国家，特别是中国共产党在研究世界文明史之后提出的非常重要的创新，德国 20 世纪 80 年代提出的是生态现代化，在文明的大道上我们碰撞在一起。

在这方面我要介绍一下，从过去追求数量的高污染、高排放、高消耗的经济发展模式，到今天我们追求经济发展的质量以及注重环境保护与改善，特别是追求人与自然的和谐，这样一个发展模式转变，我们称之为经济转型，经济转型还可以划分为不同的领域。如果是研究经济制度的，他研究的是计划经济向市场经济的转型；如果是研究城市社会问题的，他研究的重点是农业乡村型的社会向工业型的城镇社会转型；如果是研究政治学的，他要研究的是封闭的半封闭的社会向开放社会的转型；如果是研究哲学的，他要研究如何从逐利经济向今天我们所倡导的幸福经济进行转型；如果是研究政治的，就要研究如何从排他经济向今天的包容经济进行转型；如果研究绿色的，就要研究从棕色经济向今天我们所倡导的绿色经济进行转型。

过去强调的是转型，后来提出经济转型，到今天我们倡导中国绿色经济转型，这发展的目标来源于三个不同层面。第一个层面是，改革开放初期，中国非常贫穷，那时候是生存型，经济调整成为我们的主旋律。到了 1992 年邓小平同志提出中国要走社会主义市场经济道路，这时候我们称之为经济发展。21 世纪我们提出生态文明，我认为到了新的转型阶段，我们不仅强调工业，也要强调农业，不仅强调城市，还要强调乡村，进行全面整体的规划，这时候我们称之为经济文明。

经济文明的提出也标志着经济发展模式的三个阶段。过去靠大量的资源消耗、物质经济增长的模式产生高污染、高排放、高消耗,今天我们倡导绿色经济的发展模式,那什么是我们未来的发展模式?我认为是生态经济的发展模式。过去,有人认为只有消耗物质才能够增加GDP,消耗越多物质就越能促进GDP的增长,我作为一个公民要做贡献。有些人买衣服也是一样,认为买得越多消耗越多,就能促进经济的发展,很多不学经济的人以为这样就能促进经济的发展,是不是这样?人类社会不断进行革新和发展,所以减物质化思想就成为绿色经济时代的一个主旋律,不是强调物质使用多少,而是强调尽量减少对资源的消耗,所以减物质化成为这个时代的主旋律,很多工艺设计者不像过去一样,追求消耗更多资源,而是更多地考虑这个建筑能够怎样降低能耗。

人类社会的发展又到了另外一个阶段,有人说我们不消耗资源——减量化当然有,但是我们更提倡不消耗资源——大家想想有没有这种方式?比如说你买东西,到超市去就需要能源,包括车的运行和时间的消耗。通过网络的方式在家里预订采购,也要消耗物质,但这是用另外一种方式体现的,所以经济发展的模式就衍生出今天很多不同的商业模式。扎克伯格是80后,他的资产累计比耗物质化的发展方式累计不知道高多少倍,所以今天很多富翁往往来自非物质化或者减物质化的领域,像互联网等等,所以这方面共享经济、共享管理、共享资源可能成为新的发展模式,而且已经是这种发展模式。如果深圳大学城周围没有网约车系统的话,我们同学到城里会非常困难,我记得很多年以前我在这儿工作的时候,打一个出租车要在门口等一个小时,今天正是共享经济非物质化的传递方式,解决了我们的交通问题。

所以经济的思想如果是先进的、绿色的,它就会产生出一大批新的经济发展模式或者商业模式。再总结一下,非物质化阶段必然是棕色经济,减物质化阶段就是我们今天所倡导的绿色经济,绿色经济并不等于完全不消耗资源。我们未来的能源如何索取?有人就谈到了,未来的发展是非物质化的,所谓非物质化并不是绝对,因为空气中还有很多肉眼看不见的物质,但是我们今天所倡导的是金色经济,这种金色经济不用地球上的资源,而用太阳能,这样的方式已经在科学界得到验证。我看到一个实验,今天所有电灯光源都不需要用煤炭发电,都可以通过储存太阳能来实现,但是成本比今天我们用煤炭发电高5~7倍,因此市场上的需求还不是特别旺盛，但是如果人类社会走到那一步，我们就可以解决资源短缺的问题。

所以棕色经济、绿色经济、金色经济的组成再给大家总结一下：棕色经济是一种物质经济的方式，它依靠的是煤炭、石油，产生的是物质化；绿色经济通过低碳经济的倡导，强调的是能源效率的提高以及循环经济的资源循环利用，那是减物质化，我希望在座各位能更多思考，你如何成为社区垃圾分类的领导者，你如何成为大学城垃圾分类的倡导者，想清楚了，你将是非常了不起的绿色领导人；金色经济更多是利用地球以外的资源，比如说风能、太阳能，这是一种生态经济，是非物质化的。今天国家倡导的绿色发展、循环发展和低碳发展就是源于我前面讲到的三个不同的模式，所形成的生态文明的基本发展理念，国家层面、区域层面怎么做等等，在这儿我不再一一从学术上给大家展开太多，但重要的是如何体现我们的经济转型，这是我今天讲的第二个部分，就是绿色领导力。

这方面要进行转型战略实施，你首先要建立一个高层管理团队，这个管理团队要和你的价值观一样，比如你到一个企业去就业，你是用金钱多少来衡量你的求职，还是用价值观衡量？如果当年用金钱来衡量的话，可能就没有人跟着马云，他们一共 18 个人组成团队，大家放弃原本相对优厚的待遇，和马云一起创业。所以你选择的领导和团队就非常重要。你作为一个领导者，要建立一个什么样的团队？如果你有绿色的思想团队，就要找志同道合者，要把商业方面的建设团队的理念建立好。其次，有了团队还要考虑积极利用外部的资源。如何利用？比如说商学院的人最懂风险投资，怎样融资非常重要。马云这个案例就非常典型，他有了团队没有钱，所以他融资了。阿里巴巴的大股东并不是马云，他只有不到 10% 的股份，百分之几十的股份持有人是日本软银集团。积极利用外部资源是领导者非常重要的法宝。

有了团队，有了外部的资源，还要组织有效的学习，这个学习的思想高度会决定你成功的程度。如果我们有了团队、有了外援，还有一些思想，我们就要推进绿色发展模式了。绿色生态模式怎么搞？绿色消费模式又怎么形成？在座所有人回家整理一下，你有多少东西不是绿色的，有多少消费还是耗能型的。绿色的产业体系、绿色的技术创新体系的设计非常重要，如果把这些东西掌握好，不管是找工作还是设计一些新的发展战略都非常有优势。

绿色发展模式并不是中国现在想做的,在过去很多年西方国家也和中国一样走过先发展、后治理的老路,包括德国。德国现在是环保大国、环保强国、生态强国,但是实际上在20世纪五六十年代,它的污染不比咱们轻(图3),因为我在德国生活了几十年,我待在鲁尔区,知道它的历史,雾霾来了以后,很多人和大量生物的生命丧失,所以德国今天能达到环保治理的优化,也走过一段弯路。但是它的经验在什么地方?就是立法。它从1964年开始实施《雾霾法令》,我在写《德国循环经济》一书的时候,很多专家推动、协助政府颁发《循环经济促进法》。“促进”和“循环经济法”有绝对的区别:循环经济法是强制性的,你必须要做,不做不行;促进法是鼓励你做,给你一些政策倾斜比如说贷款。

按照德国推出的法律,企业一旦出现环境污染问题,就会受到惩治,这是法律的严肃性。有绿色领导思想的人不断实践,比如说德国很多建筑都是被动屋。所谓被动屋是不用传统的空调,而是通过被动式设计方案,达到自然采光、采暖的目的,整个建筑形成自然的空调设计理念,减少能源消耗,这种被动屋有很多设计图纸。另外学校也开始推进绿色教育、绿色设计。

意大利在过去有雾霾的经历,因此建筑设计倡导的是垂直森林式建筑,直接把植物和建筑融为一体,既美观又净化环境,远看是一个森林,这也是倡导绿色的一种方式,但设计师首先要有绿色的思想和绿色的管理方式、经验,才能够使得这些项目起到缓解城市污染的作用。我经常到大学城,发现这方面还没有达到。什么叫有机生活?并不是完全吃素,所有食品的来源都是健康、有机的,这个非常重要。家庭、社区垃圾分类,还有很多分类箱,有机的放在有机的地方成为肥料,不用走出社区,现在垃圾的投放、分类、回收都是通过社会上不同的群体运作的。很多阿姨跟我讲的时候,她就抱怨:“我尊重你的垃圾分类思想,你到我们社区做一次演讲,我从此把家里的垃圾都分类了,结果扔到公共垃圾桶里面以后又被合到一起,因为没有垃圾桶分类。”另外一个社区的领导也抱怨说:“我好不容易做很多箱子,结果运输车又是一车拉走了。”所以这方面需要社会从源头到结果整个系统的优化。我寄希望于今天在座的每个人,如果你几年以后走上这个社会的重要岗位,如果你有今天这个理念,就可以改变我们现在的生活方式、管理方式。

图3　德国工业雾霾

几年前我到一个德国的居民家里，他的房子有150年历史，有雨水收集装置，虽然简陋，浇花也够了。这种绿色的思想不仅领导人有，在农村也有。循环经济从理念的倡导、模式的试点发展到全面推进，在我们看来，虽然现在全面推进了，但没有效果，还需要再鼓励，这方面就需要绿色领导力。我研究经济学，但是为什么后来花了很多时间研究管理学？因为经济学提出的问题，如果有管理理念的人不去推进的话，照样不能实现，所以管理和经济是相辅相成的。

三、绿色领导力——作善降祥

我们今天谈到很多问题，也提到一些解决的方式，实际上我们追求的是一种卓越，只有营造优雅的环境和社会生态，我们才能够真正富享人生。有时候我们感觉压力很大，学习压力大，生活压力也很大，你们今天负债，你的钱从哪儿来？你毕业之后首先面临房子问题，很多问题就出现了，但是你如何解除这个困惑，富享人生，这就要有非常新的发展理念。所以我今天和大家谈谈绿色领导力，谈谈“作善降祥”，这不是我写的，这是中国古代非常重要的学术思想。

有人讲，黄老师你讲得很好，经济转型提法也符合国家的提法，但是绿色领导力能与生俱来吗？我现在就告诉你，每个人都可以成为具有绿色领导力品格的雕塑家，绿色领导力通过训练是完全可以获得的，只要有自信。因为21世纪就需要有绿色领导力的人,因为中国是一个全球化的市场,它要建立绿色的竞争机制。如果一个企业没有建立绿色竞争机制,就会像三鹿集团一样在一夜之间倒闭。大家知道三鹿曾经是很有名的中国品牌,它在倒闭前几个月,还到处投放广告,吹嘘企业如何优秀,但很快这个企业倒闭了,董事长被抓进监狱,为什么?它制造的是有毒的奶粉,而且一个企业制造有毒的奶粉,导致许多婴儿受害,还导致当时的中国奶粉产业崩塌,造成全球供应链失衡。这些问题是我们自身造成的,因为缺少绿色竞争机制。

同样,说到社会经济生态的持续性,很多地方经济发展了,但是生态没有。因为生态经济可持续性决定它的商业价值,所以房地产商选地段非常谨慎,如果选在非环保区就非常可怕,很多建筑工地最后改成居民的住宅,地下常年工业污染,所以你在选房的时候,一定要考虑到房屋建造之前,这个地方是工业基地、化学基地还是民宅?这方面要权衡,如果住在1~5层每天都接触地下排放无形的废弃物,可能导致你得癌症。

所以在绿色竞争面前,我们要把这种改变视为机会,而不是威胁。经济学提出这么多问题,管理学就要解决这些问题。在我的眼中,每天都是商机,因为当一个经济的发展模式被注入绿色思想,就将焕发出新的商业机会,所以我们要用多彩的视角看待这个问题,要从错误中吸取教训,为什么?因为我们生活在一个地球。亲爱的同学们,如果我们不保护它的话,这个地球将不复存在,一个美丽的地球就因为我们自私的商业发展需求而充满风险。

有很多工业企业,偷排漏排,把处理污染的成本转嫁给社会,不承担任何社会责任,导致今天全球温度升高,造成很多自然灾害。由于气候的变化、温度的上升,有很多岛屿消失,自然灾害也是整个自然环境遭到破坏所导致的,特别是农作物,很多地方没有种植农作物,当地人的生活非常贫穷,传统的物流运输一旦被现代化的工具所替代,而你又没有绿色管理的思想的话,就会形成灾难(图4)。

图4　运输绿色管理

人类社会下一步怎么办？我们要思考到底什么是幸福。回到前面讲的三个问题——做梦、圆梦、价值实现，如果不能获得幸福感，人的生存基础是什么？美国前总统曾经讲过一段话，变化是生活的法则，那些只看过去或现在的人肯定会错过未来。我们要看到未来是有希望的，这个希望推动着一个人的能力向能量转型。领导者和被领导者之间是什么关系？一个有能力的人不一定具备能量，但是你要成为一个领导者，就要从成为一个有能力的人开始，通过改变成为有能量的人。"作善降祥"出自于《尚书·伊训》中的一句话："作善降之百祥，作不善降之百殃。"讲到经济转型，我们的老祖宗已经讲到了，你的经济有序、可持续转型最终的结果是什么，就是能够形成善经济、善管理、善文化、善教育，所以这四个"善"是我今天送给大家非常重要的学术思想。

所谓的"善经济、善管理"，是在经济转型过程中相对于破坏环境、制造伪劣商品、坑害消费者、不利于人类生态和谐发展的恶经济而言，一切经济行为首先都应该是善行，而不是恶行。如果领导者把这个作为一个原则，扎根于思想，他就会成为绿色领导者。当然，你要有善经济、善管理的思想首先还要善文化、善教育，所以大学的教育如果不讲善文化、善教育的话，将来这些学生也不可能成为合格的具有善经济、善管理思想的领导者。

绿色领导力思考如何转变今天的经济发展模式，两高一低向两低一高转型，高碳经济向低碳经济转型,生态赤字向生态盈余转型。我们现在对领导者的考核也越来越严,我最近看到一个政策,对领导者在任期间所制定的很多政策以及实施的项目要追究他终身责任,如果他制定的政策和实施的项目对当地的经济、生态造成破坏,对他本人要追究责任,这一条是非常严的,大家可能没注意到这个问题,但是很多人已经开始了解这个过程。所以善经济、善管理、善文化、善教育就是要使得我们更关注人的真正幸福,这是我们经济转型的终极目标,如果经济转型带来的经济成果不是带来幸福,而是带来伤害,这不是善经济。只有让更多的人关注幸福,关注慈善,关注我们的社会价值,才能让幸福健康成为我们生活的主旋律(图5)。

越来越多的人关注幸福　越来越多的人投身于慈善　幸福健康成为社会价值

图5　善教育、善文化、善管理、善经济

我想给大家讲两个问题:一个是学术概念,一个是企业社会责任 CSR。我专门教这个课,我从经济学转到管理学,在教经济学时讲如何赚钱、如何进行战略管理,今天我讲商业伦理以及企业社会责任,所以看得出来我的研究方向在不断修正和改进。在西方社会里,这句话叫 business for good,就是一种善经济的表现,你要不断地创造满足于可持续发展目标的社会价值。扎克伯格在有了二宝之后,和夫人宣布,拿出他持有的"脸书"公司股份的99%用于慈善事业,创造一个没有病痛、每个孩子都能获得平等及个性化教育的世界。2016 年美国《时代》周刊把扎克伯格评为全球最具影响力的一百人。在他的演讲中,有个观点非常有意思,他说我们这代人的使命是什么? 这么年轻这么富有,他却提出非常尖锐的问题:"使命是什么?"扎克伯格 2017 年从哈佛大学毕业的时候,演讲和很多大学毕业生的演讲不一样:很多人的毕业演讲是我获得什么工作,年薪多少;扎克伯格则认为,在哈佛取得最大成就是遇到他的妻子,他把家庭、社会责任看得非常重要,这就是区别。

我们通过扎克伯格在哈佛大学的演讲——我们的使命是什么？联想到“三命”，绿色经济转型需要有三个阶段，人本身的转型也有三个阶段，在座的每个人都有三个“命”，第一个“命”是性命，第二个“命”是生命，第三个“命”是使命，当具有正确的理念、绿色思想，成为绿色未来的开创者时，他将具有使命。什么是生命的三级论？什么是生命的三命论？什么是生命的三态论？生命的三级论就是我们所说的初级是肉体的快乐、中极是精神的快乐、高级是灵魂的快乐。只有具有绿色经济思想的人，在未来的经济转型过程中才能够学会奉献社会，付出个人的努力创造价值。生命的三命论就是说一个人有性命，但是通过学习、努力将获得辉煌的生命，满足自己，建立家庭，但是更卓越的人，除了这两条之外，考虑更多的是社会使命，所以性命、生命和使命代表着一个人的生存、生活和责任。

什么是生存的三态论？我刚刚谈到了美好的心态、优雅的神态、崭新的姿态，你如何成为绿色领导者，生命的三态论非常重要。我们今天所提到的经济转型，将使得你的人生从内、从外发生急剧的变化，因为心灵的境界决定人一生的成败。什么是心灵的最高境界？一个是幸福，一个是价值。它们决定你的心灵，心灵的最高境界是敬畏，如果今天的企业家都不敬畏自然，他的产品都是伪劣产品，这样的企业、这样的企业家将成为社会的灾难。同样，有了敬畏之心的人，如果再有慈悲之心的话就会关爱社会的不平等问题，就会关注社会的贫穷、落后，就有奉献的精神，就有使命感，所以第三个境界是感恩。今天是教师节，我感恩我的老师，也感恩在座的所有同学对我们的支持，对我们图书馆的支持，这就是感恩，再有第四个境界是宽容（图6）。

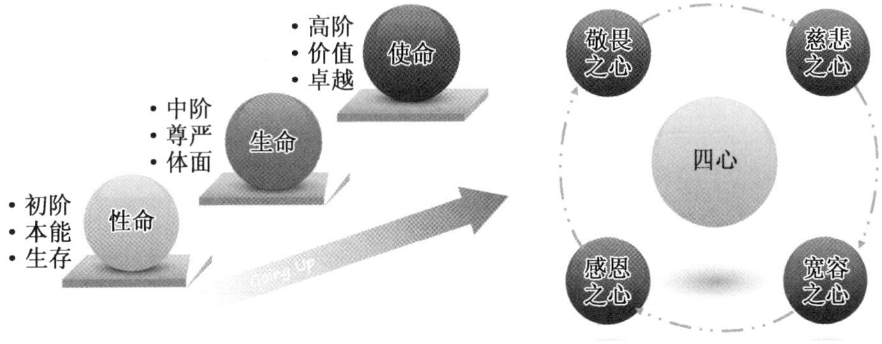

图6　生存三态论，心灵四境界

如果你有三命、四心的话，你将成为一个合格的绿色领导人，因为你学会了关爱社会、关注你的团队、关注你本人。同样你还交五个朋友，今天是学友，有可能你们同窗四年、同窗三年、同窗两年就到成为一个企业的战友，这中间有些人的价值观相同成为朋友，最后成为挚友，有些发展成为情友、一家人都有可能。你出了学校之后有几个商的训练，智商是肯定合格的，但是有没有情商？有了情商还不够。因为在经济转型过程中，既有机遇，也有挑战，经济转型过程中商业模式不对的话，有可能导致你的企业一败涂地，这时候就需要第三个商——“逆商”，这是在逆境中克服困难的商。如果一遇到困难就退缩了，那么这种人不具备绿色领导力。有了这些商之后，你需要三个商丰富你的生活，那就是“道商”“艺商”和“健商”。

我总结一下，“三命”“四心”“五友”“六商”是绿色领导力非常重要的法宝（图7）。爱因斯坦是德国洪堡大学的教授，他在墙上专门写了这句话：“宇宙中的一切物质都不存在，唯有精神永恒。”只要你有良好的精神状态和健全的人生观，你的一生都将充满幸福，因为爱因斯坦在写给女儿的一封信中说，有一种无穷无尽的能量源，它是一种生命力，包含并统领所有其他的一切。这种生命力叫爱，有小爱，爱自己；有中爱，爱家庭；有大爱，爱社会。有了这个爱，你将具备绿色领导力。

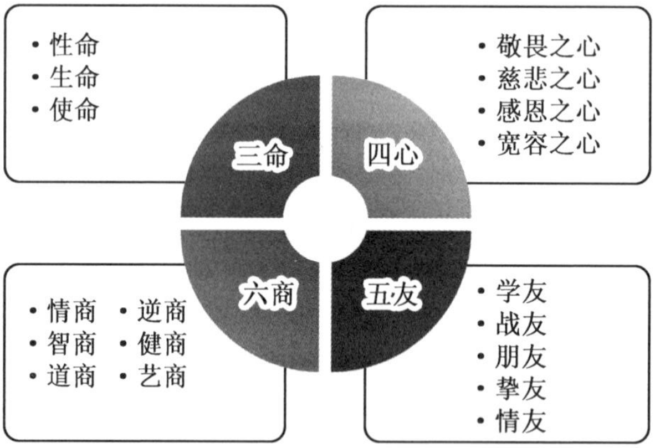

图7　绿色领导力法宝

所以一个企业家的态度和行为，就决定他的企业成功与否。有四句话希望大家记住。第一句话是“天道酬勤”。在没有钱的时候，把勤快舍得出来，你就会筹资了。第二句话是“人聚财轻”。当有钱的时候把钱舍得出来，人就来了。一个有绿色领导力思想的人，既要在外有商业模式，又要在内部有分配模式，你的团队掌握了分配方式就能聚集人。硅谷就建立了一个期权激励机制，把所有人才凝聚在一起。第三句话是“厚德载物”。当有人的时候，把爱奉献出来，事业就来了。第四句话是“德行天下”。当事业成功后，把智慧舍得出来，喜悦就来了。所以一个成功的绿色领导人，应该懂得舍和得。

我不一一列举中国传统思想对今天经济转型和绿色领导力产生影响的实例，但是我想有几个人非常重要。孔子在领导力方面有所研究，他曾经把六艺作为培养贵族非常重要的法宝，礼、乐、射、御、书、数，每个字都代表了一个方面的学问。礼就表示你的道德修养、法制观念、自我管理、礼仪文化；乐表示你的音乐、诗歌、舞蹈等艺术修养；射表示你的军事、体育、武艺的问题；御表示你的驾驭之术，包括领导人、领导力、自信心等等。这些问题是先人给我们留下的宝贵、丰富的思想。孙子对领导力也有很多见解，他说：“将者，智信仁勇严也。”他把智放在第一位，把信放在第二位，为将者除了智能才能之外，还要有奖赏有信义，仁爱十足，军纪严明。所以在今天的经济转型过程中，商场如同战场，你如何在竞争中做到可持续生存，关键要具备领导人基本的素质。

很多年以前，有一位父亲给他儿子写了一封信，这封信解密了领导者非常重要的内涵，这个人就是诸葛亮，他在《诫子书》里专门写到这方面，一共86个字，这86个字就是给领导力提出“十诫”。第一诫是“静”，人在学习过程中一定要静，在图书馆不要大声喧哗，安静读书很重要；第二诫是“俭”，一个企业能不能可持续发展，还要审慎理财，包括家庭也是这样，不要成为物质的奴隶，很多同学成为月光族，这样也不行。还要“预”，行成于思，业精于勤，不要事事讲求名利，要知道自己的志向，要有对未来的预测，要有使命感、价值观。还有“学”“志”等问题都是我们过去的思想家给我们留下的、在领导力培养过程中非常重要的法宝。

经济转型有三个层面，逐利向幸福的转型，排他向包容的转型，棕色向绿色的转型。如果我们把每个层面剖析开来的话，就都是非常重要的议题，像哈佛大学讲幸福领导力、幸福经济，那是非常时髦的，它讲如何幸福，一个大学如果不讲幸福的话，难道培养出的都是一些悲哀的人吗？所以幸福应该成为一个社会的主旋律。第二个是包容,企业在发展初期讲的是竞争,到了今天更多讲的是共生,因为有共生使得整个社会更加包容和发展。同样,一个社会如果强调的是绿色,就会使经济的发展方式产生非常大的变化。在这三个形态中,中国的绿色经济已经初具规模,我们建立了生态产业园、循环经济园区以及生态城,大学城也是共享经济管理的一种方式。中国的绿色百强企业也做出了表率,像华为每年我们都去一次,现在华为专门成立社会责任部,一个上市公司每年专门有社会责任的年报,是非常重要的,联想集团和我们上次去的三一重工也有这样的年报。这些企业之所以发展,我个人的研究认为,是因为这些企业家已经从过去的拼命竞争——像以前华为讲究狼文化——发展到现在的更加包容。从一个企业的价值向社会价值进行有序转型,是企业成功的法宝,也是一个企业在社会责任方面给我们树立的非常好的典范。

这方面我们再来总结一下,第一要有文化,善的文化,一个企业如果没有善的文化,将不会有好的企业文化,因为企业在社区中非常重要,如果企业发展不好,就没有这个社区的和谐文化,它也不能形成今天的商业价值,所以一个企业应该有文化领先、社会和谐、商业优势以及创新驱动,最终这个企业和社会形成环境友好。所谓的文化领先,它要具有核心价值观、环境责任以及社会责任。在这方面我给大家梳理了今天网上比较热门的语言——绿色投资。搞商科的最清楚,现在的商学院有谁讲绿色投资?没有,我在北京大学成立了一个绿色经济研究中心,当时80%以上的教授反对,因为绿色和我们商业是完全对立的特征,但是你可以看看现在很多全球顶尖的商学院,80%以上的课程加了绿色和可持续,绿色供应链、绿色建筑、绿色管理,比我们发展得快,但是我还是很有幸,能够在10年中把绿色经济研究中心做成学校以及在国际上可以说让大家比较认可的智库,虽然我们还有很多工作需要做。我们是开放式的,希望你们也加入我们绿色中心的课题,我们也乐意和在座的学友们共同探讨这样的问题。

在这方面我个人也做出了一些有关社会责任的奉献,除了平常在课堂上课之外,我们还每年利用几次机会带着同学到农村去上课,作为一种社会公益到农村去。同样我们也在大学图书城特别是李馆长的大力支持下,在农村建立图书馆,几万本图书来自世界各地,改变了当地农村的面貌,人们从过去的赌博、打牌到现在晚上夜自习、读书,很多学生过去只是想做保姆、理发员,现在很多同学进入大学,所以思想的改变将产生巨大的绿色领导力。我们也希望我们的同学毕业以后不要把旧书扔掉，而是捐给图书馆，图书馆会有效收集起来捐赠给农村的图书馆。北京大学这方面做得非常多，EMBA、MBA 很多同学都捐赠了图书和资金，很多同学看到好书就收集起来寄过去。这是一种社会责任。一个企业有几百亿的时候，像扎克伯格把他持有的 99% 股份都用于慈善，对于社会的影响非常大。比尔·盖茨创立了一个慈善基金，满足很多医院、学校的可持续性发展。

所以我们在这方面做了一些工作，并不光是理论，同样也指导了同学，我们研究中心还有很多娱乐项目，我们今年做得很好的就是攀岩，用绿色领导力训练攀岩，到山上去攀岩。我也接受了思科威尼尔国家级期刊的采访，阐述什么叫中国的绿色经济。我和同学们也学会了喝茶，感受茶道生活以及健康的生活，还到农村去扶贫。同学们在我们这儿都非常快乐，我们也经常去郊游。德鲁克曾经以三个石匠来比喻一个人事业的三个境界：第一个石匠认为，找到了工作就找到了好饭碗；第二个石匠想做一流的石匠，进行生命的艺术创造；第三个石匠认为建造的是大教堂，这就是代表一种最高境界。

成功的绿色领导者，有两个重要的特质。一个是他们有许多追随者，所以我希望你们每个人都成为绿色领导力的代表，在你的周围哪怕是你的微信群，用你的思想影响其他人，有了追随者，这个社会就能改观。另一个是想象力，所以爱因斯坦先生专门讲过一句话："想象力比知识更加重要。"大学给你们灌输知识，但是你个人要在大学里充满想象力，这是爱因斯坦强调的。因此我今天送给大家三句话："谱绿色发展之曲，圆绿色创想之梦，展绿色财富之图。"从事绿色可持续发展并不是让你不要富有，而是让你在富有中真正体会到你的使命、你的幸福，让我们共同建造一个富而有爱的人间天堂，只有我们联手合作，我们这个社会才能真正有效地进行可持续的经济转型，谢谢大家。

提问环节

【主持人】感谢黄教授和我们分享他这么多年的研究成果。今天我们是做一个经济讲座，但是实际上好像是给同学们上了一堂伦理道德课。接下来的时间我们可以举手向黄教授进行提问，主要围绕刚才讲座的话题，不要跑得太远。举手向我示意的同学，用一两句话来概述你的问题，不要追加太多问题，每个人最好只问一个问题。

【黄海峰】我觉得提问其实是一种艺术，是一种缘分。我在北京大学一次会议上提了一个问题,旁边有一位教授,当时我也不认识他,提了问题以他后对我印象非常深刻,第二次我们遇到以后就成为朋友了,这个教授成为我终身的导师,是我的博士生导师。在德国进修需要两个导师,我第二个导师也来自于我的提问。我在南京大学读硕士的时候,也是在一千人的讲堂,当时提问很尴尬,没人愿意提问。结果我提了一个问题,没想到这个问题改变了我一生,因为提完问题之后,这个教授对我印象非常深刻,虽然他不知道我的名字。10 年以后我到了德国,精通了德语。那时我需要博士生导师,第一个是北大的历史学家,但是缺少一个经济学家,所以我当时给他打了电话,当时是用德语跟他交流的,他说他不认识一个会德语的中国人。我说我当时不会德语,我在南京大学提了一个问题,80 年代提了私有化的问题。他说他知道这个问题非常关键,他现在讲制度经济学的时候,每次都要用这个案例:在 80 年代的时候,已经有一个 20 岁左右的年轻人提到了市场机制以及市场制度、经济制度的问题,谈到了私有化,因为当时在中国是禁区,这个年轻人认为中国未来的发展是非常了不起的。后来他问:“这是你吗? 你德语怎么讲得那么好?”我说我已经在德国待了将近 10 年,我希望最后的博士论文有一个导师。他很惊讶,说:“你立即到我家里来,你在我这儿已经成为传奇。”他是柯伦大学的校长,我最后在他的指导下非常顺利地完成了博士论文。所以提问题是一个艺术,同时也是一个机遇。

【提问】谢谢黄老师今天的讲座,我不是北大的,也不是清华的,也不是哈工大的,我是来深圳工作的。我之前在韩国那边念书,回来以后特别担心一个问题,中国过去很多年经济一直保持高增长,这一两年我来深圳工作,感受到一些企业的生存痛苦,我特别害怕在我这一代遇到韩国那样陷入低增长的状态。所以我也想问一下黄教授对于未来中国经济增长的判断是怎样的。这可能有点宏观,但这是像我这种在深圳没有房、没有积累的人很担心的问题。

【黄海峰】增长的速度、质量不矛盾,在一个有序的经济增长过程中,适度的高速度或者中速度是非常重要的,它也标志着一个社会的活力。北欧经济增长都是零,虽然非常富有,但是工作很难找。深圳有一定的经济增速,对经济、社会以及活力程度非常重要,但是经济增长的高低只是一个方面,更重要的方面是经济增长的质量,如果经济增长过程中不考虑质量,不考虑可持续性,哪怕短时间内是高速度增长,但是带给社会的危害仍然很大,我希望你不是这种想法。

短期的高速度增长仅仅满足一个社会虚假的繁荣和短期的繁荣，最后造成很多环境问题，这是我们今天的议题。经济的转型并不是单纯反对高增长，如果增长高，但同样质量好，我们非常欢迎。但是一个社会的发展，高增长的背后是大量资源的消耗，我们叫脱钩。健康的社会发展是减少资源的依赖，增加资源的使用效率，通过管理提升经济效益。

【提问】黄博士您好！我不是学校的，我已经参加了工作，最近在企业里也遇到公司层面的问题，想向您请教CRS社会企业责任这个问题。我们公司正在收购一个德国的企业，在整合过程当中遇到一个问题：德国人要求我们裁员只能裁年轻的员工，而不能裁年老的员工。在中国企业家看来，这是一个很难抉择的问题。您怎样看这个问题？

【黄海峰】这是个非常突出的问题，是包容性增长的问题，我们知道现在有一些企业也有类似的传统，年龄大的员工可能面临着淘汰，其实这是一个领导人的视角和思想境界的问题。老员工有什么价值？老员工在很多技能方面有比较丰富的经验，也有失败的教训，年轻员工充满了活力、创意，两者之间我觉得可以互相弥补。中国有一个成功的企业，这个企业是专门做木匠活的，做木匠活的员工年龄越大，他的经验越丰富。所以要根据你的企业来选择，如果你的企业是运动型的，或者需要很多体力的，肯定年轻人越多越好，像腾讯就是员工越年轻越好，因为他们的思维很活跃，这和行业有关系。大学的老师也面临被淘汰，现在年龄大了以后可能发论文越来越少，可能更多的是根据经验进行教授，年轻的教授可能文章的产出率比较高。其实每个行业都有最需要的人，就看你怎么把他用好。

【提问】黄博士您好！我对您说的垃圾分类比较感兴趣，但是我在想可不可以这样来做：因为有些大学有社工这个专业，在国外社工还是蛮多的，在中国会不会通过社工引导比较好？您是怎么建议的？另外，我们有时候会看到生活环境可能需要政府部门做改进，我们有什么方法让他们做改进，因为我们毕竟不能一下子成为领导，有时候想要有这样的影响，但是又觉得自己一个人影响不来，您有什么建议吗？

【黄海峰】这个问题是关于社工的概念，如何营造一个社会的和谐？我想我回答你这个问题,还不如我放一个视频,让这个视频给大家一些思考,也让大家在这么紧张的听讲或者交流中放松一下,放了这个视频以后,我觉得你的问题就有答案了。这个片子是关于爱的传递的,能回答你刚才讲的垃圾问题。仅仅是社工?不是,是制造垃圾、使用资源的所有人。如果一个社会形成每个人责任分工明确的话,像你家庭产生的垃圾,你善于把它合理分开,进入社区,运输方面也分开,到处理方面也分开,其实就没有垃圾了,所有的垃圾都是放错地方的资源。现在我们产生这么多垃圾,就是因为我们放错地方了。因此在这个问题上,还是回到爱因斯坦那句话上,你要从能力向能量转型,形成一种绿色的引导思想的体系,就能够化解这样的问题,所以我在15年前写下的第一个建议被人大所采纳。中国要实行垃圾分类,获得北京市一千多万人支持,是去年得票最高的民意测试。但是我期望中国能真正实现垃圾分类,这样就能够把很多垃圾变成资源合理使用。

【提问】黄老师您好,我是一个社会工作者,不是学生,但是我想考博,这就有一个方向选择的问题,因为我本科是英文专业,毕业有7年了,不知道是不是可以直接考博,听说好像可以,选方向一个是英语方面的,另外一个是MBA方面的。我想问一下绿色领导力属于MBA里面的学习内容吗?我之前在MBA培训中心里做英语助教,也不太明白怎么考,好像这个只招留学生是吗?

【黄海峰】这个问题虽然在我们今天的讨论之外,但我还是想占用大家的时间回答一下。在中国没有一个大学的MBA有绿色领导力研究方向,毫无疑问是没有的,只有我们的绿色中心在研究绿色领导力。最近我们在撰写一本新的著作《商业伦理与绿色领导力》,就是希望在这方面打造出一种新的教育模式,如果青年学生及早有这个思想,他对这个社会的贡献就会更大。你刚才说要考博,又是MBA,MBA不是博士学位,如果你英语非常好,我建议你到国外的学校试一试,如果英语非常好还有学术成果的话,可以通过教育部留学基金委申请全额奖学金,我也是那边的评委,但是它要求非常严,在英语过关的同时,还要有三篇在核心期刊发表的论文。如果国外认可你的资质,你还可以获得国家级的奖学金。这是一个非常重要的渠道,也希望我们在座的同学视野更开阔一点,出国并不是唯一的发展道路,但是出去走一走,看一看,多了解一下,知己知彼,可能对自己的国家会更加热爱。

【提问】老师好！我来自于清华大学，现在学的是低碳经济生态链。在您的讲座中，您说了价值观、眼光和视角对城市与社会发展的重要性。我想问的问题是，我们自己应该怎样培养这方面的素质？

【黄海峰】今天重点讨论了在经济转型的大环境下运用绿色思想思考问题的方式和方法，以及如何形成一种具有领导力的行为。这个方面我觉得首先是自己思想上要接受，你想成为一个什么样的人，比如说你的生活中有三个层面：性命、生命和使命。

我和你分享一个小故事。我的生活可以说经过了高潮迭起、峰回路转。为什么说高潮迭起？我曾经出任过中美金融家协会副会长，我是第一个把网上交易的平台应用于中国的证券公司的，那是2000年。我也出任过国际组织的领导者。我一直从事金融和社会工作，这是大学之外的工作，都要承担社会责任。所以我觉得不管你从事任何工作，包括你在金融领域里，要进行基金的设计，要考虑到怎样对客户负责任。我们现在研究很多基金公司包括金融公司，一些倒闭的公司就是因为在设计产品的时候，很少顾及客户，更多是用欺诈手段，缺乏商业伦理，更没有承担社会责任，像美国华尔街一些企业的倒闭就说明了这个问题。

所以我在我的金融实务课程中专门加了一章商业伦理，要求同学们在研究金融包括股票价值的时候，还要考虑到它的安全性、风险性。我觉得不论你从事什么样的工作，你都应该把商业伦理、社会责任作为与你本职工作密切相关的内容进行研究，明确自己要成为什么样的人，我相信在座的每一位学友都不希望自己成为尔虞我诈、投机取巧、危害社会的人。我昨天看到一个打扫卫生的清洁工捡到装着很多钱的包，他都分文不取奉还给失主，这就体现出他的社会责任，这样的人值得我们称赞。不管你在什么工作岗位，如果你单方面强调自己的苦衷，把责任推给他人，就会造成不好的后果。

【主持人】我也要补充一下，老师在片子里集中讲的是这方面的问题，之后会有老师授权把他的课件放在网上，您可以下载以后，好好学习一下。

【提问】谢谢老师，真的很荣幸得到最后一次提问的机会。首先介绍一下我自己，我来自清华大学公共管理学院，今天主要想针对老师讲的两个问题问一下，这两个问题分别是转型问题和绿色领导力的问题。先说转型问题，因为我本科也是学经济的，研究生读管理，我之前看的文章，有学者说中国经济长期处于L型，我也觉得没有必要对速度过分痴迷,也许长期的稳增长更有利于数量向质量的转换,也有很多学者提出要搞结构的转化,还有新制度的完善和绿色的方面,我想问一个很现实的问题,希望老师能给我们说一下。我们中国现在转型到底转的是一种什么样的结构,希望老师给评价一下当前转得怎样,这是第一个问题。

第二个问题,谢谢老师刚才告诉我们绿色领导力这样一个很新的研究方法论,我也相信绿色领导力肯定不仅仅用于转型,也能用于公共管理,还能用于个人发展,希望老师从绿色领导力角度给我们说一下,它对于绿色金融有哪些助益?包括绿色政府管理还有绿色经济,企业家除了要与人为善、充满敬畏、有社会责任心,还能再做哪些事情呢?

谢谢老师,以上是我的两个问题。

【黄海峰】我回答你这两个问题至少需要一年的时间,很难在很短的时间内说清楚。我刚刚出版了这本书,这两个问题都在我的书中,就送给你。

经济问题、管理问题其实归结为一条就是人的问题,我还是回到我们刚刚所讲的开始,就是对三个问题的回答,相信每个同学都问过自己,什么是自己最想要的人生?不管你研究经济、研究历史还是研究科学、研究公共关系,我相信每个同学都会找到自己最好的答案,因为我也探讨了几十年,但是我自己的人生准则是乐于助人。我自己的微信号叫“绿色园丁”,外国人看不懂,什么叫“green garden”?我说园丁在中国是老师的意思,成为一个践行绿色思想的行动者,往往比仅仅做理论研究更重要,所以我们每年有两次带着同学到四川通江县以及平山县进行扶贫。通过10年持续有效的扶贫,有两个学校成为中国的绿色乡村小学,所在县成为绿色县,甚至我们在那里还发掘非物质文化遗产资源。绿色旅游、绿色消费使得那里一夜成为中国最美的地方。

我觉得这不仅涉及经济学,还有社会学,所以学习文科的同学也非常重要。100多年历史的古镇,本来要拆掉建水泥房,我们有一位学者到那儿看了以后,坚决反对,他说这是文化价值,不能随便拆掉。所以我告诉大家,不管什么学科,只要你自己充满热爱,对这个学科进行研究,结合现在新的理念以及接受优秀的传统思想,你都会成为这个领域的绿色领导者。我也希望下次有更多的同学一起来分享,我也向你们学习。说实话,现在的社会是信息社会,你从网上看的资料非常多,往往你的知识比老师更丰富,但是我相信一条,凭借我们的经验,我们可以在一起做很好的差异化组合,你的新的知识、新的思想、创意的情绪以及价值的理念,和我的经验结合在一起,我相信我们会成为一个非常好的团队,也欢迎在座的每位同学讲座之后和我保持联系,谢谢。

【主持人】感谢老师今天与我们两个小时的分享,这是我们送出的大学城管理办公室的名家讲座纪念证。谢谢黄教授,同时也感谢哈尔滨工业大学义工联的同学为本场讲座提供的服务,请你们也上来和我们的讲座嘉宾一起拍照留念。

审美与休闲的人生境界

主讲人：潘立勇

讲座时间：2017 年 11 月 25 日

讲座地点：深圳大学城图书馆四楼 413 报告厅

主讲人简介

潘立勇，复旦大学美学博士，浙江大学人文学院哲学系教授、博士生导师，英国伦敦大学亚非学院、杜伦大学、美国哈佛燕京学社访问学者。现任浙江大学亚太休闲教育研究中心执行主任，浙江大学人文旅游研究中心主任，兼任中华美学学会常务理事、中国朱子学会理事、浙江度假旅游研究会副会长、浙江省休闲学会常务理事、浙江社联理事等。长期从事中国文化哲学、宋明理学、古典美学研究，近十年兼攻休闲学、人文旅游等领域的研究。

已出版《审美人文精神论》《朱子理学美学》《一体万化——阳明心学的美学智慧》《审美与休闲》《形体美与性选择》《中国美学通史(宋金元卷)》《休闲文化与美学建构》等专著；任《中华人文》《中华文化与人文精神》《中国文化与旅游》《人文旅游》《审美与文化创意》等多部著作的主编；已发表学术论文 150 多篇。负责承担国家社科项目 5 项，省部级课题多项。学术成果曾获第一、二届全国青年美学优秀学术成果奖、教育部第二届人文社科学术成果三等奖、省政府哲学社科成果二等奖、华东地区高校出版系统学术专著二等奖、浙江省教育厅哲学社会科学学术成果一、二等奖及浙江大学董氏文史哲基金著作奖等多种学术奖项。

主要内容

休闲时代已全面来临,社会的功能已从外在的以物质生产为本转向内在的以生存享受为本,真正落实以人为本的社会目标必须重视人的生活品质问题。生活品质既受外在物质条件和社会环境制约,也与内在的感受系统和体验境界相关。学会聪明地休闲、把握生存的审美境界,不但能提高个人的生活品质,也是建设和谐社会的精神基础。

讲座将带领大家更好地理解审美与休闲对人生幸福和社会和谐的积极意义和内在价值,能以欣然之态做所爱之事,学会聪明地用闲,快乐地生活,提升生命的觉解和人生的境界。

非常高兴有机会到大学城跟大家交流。我先做一个广告,我所在的浙江大学亚太休闲教育研究中心,有一个国内唯一的休闲学博士点。休闲学研究什么?简而言之就是研究如何更优雅地生活,如何更有品位地吃喝玩乐。为什么搞这个专业?因为杭州要在国内率先打造东方休闲之都、生活品质之城,所以社会有这个需求;另外,人文社会科学如何为社会服务,也是我们这个专业要考虑的问题。深圳是个创新的城市,走了另类发展的路子:楼层很高,密度很高,实在不适合居住;活力非常充沛,产值非常高,但是不那么精致和谐。如果你到杭州,在运河边也好,在钱塘江也好,更不用说在西湖边了,一散步,让人更明白什么叫生活,什么叫休闲情趣。大家如果有时间,不妨到杭州去体验一下。

一、自古的梦想

休闲是一个自古人们就追求的梦想。2 000 多年前,亚里士多德说过这样的话,休闲是一切工作的中心,我们是为了休闲而工作,而不是为了工作而休闲。这个社会如果能够为公民提供休闲的条件,那么这个社会就是文明而发达的社会。英国有个著名的哲学家叫罗素,得过诺贝尔文学奖,他说过这样一句话:能否聪明地用闲(包括闲的时间和闲的金钱),是对人类文明的终极考验。

在2 000 多年前的中国,孔子跟弟子们有过一次对话,孔子叫弟子们谈谈自己的理想。子路率先站起来发言,他的理想是治一个大国,理想很高远;冉有说他的志向是治理一个小国家,并且一定使它国强民富;公西华的志向则是管理一个宗庙。他们一个个志向十分具体而远大,孔子并不表态,还嘲笑了一下子路。孔子著名的弟子曾点一直沉默不语,孔子问他:“为什么不谈谈你的志向?”曾点回答说:“异乎三子者之撰。”意思是说:“我的志向跟大家不一样。”孔子说:“何伤乎,亦各言其志也。”到这里,《论语》里面记载“鼓瑟希”,瑟是一种乐器,鼓瑟希就是曾点将弹的乐器停下,然后缓缓地站起来说:“我的志向是,晚春的时候,带着五六个弟子、六七个书童,在沂河边游游泳、唱唱歌,沐着夕阳归来。”此时孔子长叹一声:“吾与点也!”这个“与”就是赞同的意思,“我赞同点的境界”。这个典故很值得我们思考和回味。在我们想象中,孔子的形象是风尘仆仆、忧国忧民、周游列国,是一个很务实、很有使命感的人,没想到他向往的居然是曾点说的那种唱歌游泳,沐着夕阳归来的生活境界。所以历代文人、历代哲学家,都叫自己的弟子思考:“曾点之乐,乐在何处?”

为什么孔子欣赏曾点的境界?这里我们要看一下中国古人的生存境界。古人做人境界最高的是圣人,但圣人没有几个,文人中就孔子一人,连孟子都不是,孟子只是亚圣,荀子就更不是了。君子是一般士大夫,或者一般人做人的理想境界。什么是君子,孔子讲“文质彬彬,方为君子”,君子既要有道德内涵,也要有外在风度。孔子还有一句话更值得我们思考,叫“君子不器”。《易经》讲:“形而下谓之器,形而上谓之道。”老子讲“道可道,非常道”,道无处不在,但却不可言说,无法界定。任何形而下、现成的东西,都是器,你的职业也好、地位也好、学术也好,这些已经存在的东西都是器。一个人不管成就了如何伟大的功业,都是器。“君子不器”的意思是什么呢?就是君子要超越器,王阳明说:“人要无可无不可,无往而非乐。”曾点不是不能打仗,不是不能治理国家或管理宗庙,但这些都是器,不是他追求的理想。理想的境界,是作为一个人,能够在世界上从容自得地生存,荣不足喜,毁不足悲。有一个叫徐复观的学者,原来是个军人,后来搞中国文化研究。他说,形而上谓之道,形而下谓之器,中间还要加上一个“形而中谓之心”。器是我们通过心去创造或把握的,道是我们通过心去认知的,所以心很重要,我们的中国文化主要是通过调理自己的心,让自己的心更加透明,更加真实,更加自如,然后才能无限地接近世界的本真,跟世界融为一体。

要达到曾点提出的休闲境界,是有条件的。比如我出生的20世纪50年代,正值中国的三年困难时期,很多人(包括我)吃过草,吃过糠,那个时期根本无法奢谈什么休闲,只要有吃的就行了。所以休闲的条件,第一,社会要有一定的生产力水平,人们才可能有闲,这个闲就是可以自由支配的时间和财富。曾任副委员长的成思危曾提供一个数据，人类在原始时期跟动物赛跑，没有任何休闲时间；到农耕时期有10%的自由支配时间；到手工业时期有17%；到蒸汽机的发明提高了生产力，人们可以有20%以上的休闲时间。现在电气化、数字化技术的运用，使我们已经有1/3以上乃至一半的时间可以自由支配。从经济指数来讲，如果一个社会人均GDP达到3 000到5 000美金，那么这个社会就进入休闲社会了。休闲社会出现“脱物化”的消费趋势。什么叫脱物化？就是脱离物质需求的消费。目前长三角、珠三角、京津地区的人均GDP都超过了3 000美金，尤其是杭州、深圳的人均GDP已超过15 000美金，所以休闲时代已经到来了。第二，休闲还需要个人有觉悟、有境界，能够恰如其分地支配自己的金钱和时间。一个人有钱并不代表他能聪明地用钱。大家都知道高考很辛苦，有个学生考完后，觉得终于松了口气，可以消遣了，于是从老妈那里偷了一张卡在网吧里泡了半个月，直到休克了被送到医院抢救。他是突然闲下来了，但没法聪明地打发自己的时间。所以怎么样利用可以自由支配的时间和财富，是对人类文明的考验。“闲”字的古体字，是门中置木，或门中置月，这是种尺度，是种分寸，也是种境界。中国文化特别讲究分寸，主张从心所欲不逾矩地、适度地做人做事。恰如其分地自由支配自己的金钱和时间，这就是我给休闲的基本定义。

二、文化传统和精神

休闲是一种文化。什么叫文化？有不同的解释，我对文化的定义，就是与自然区别的造化，就是文明的成果，人创造的东西都是文化，在这个意义上，文化是名词；同时，我们在文明中被感化，在这个意义上，文化是动词。文化的构成有三个层面：第一是物质，文化的物质形态以建筑和工具为代表，标志着不同时代的生产力水平，比如说长城、青铜器；第二是制度，如不同的国家制度、教育制度、家庭制度、婚姻制度；第三是精神观念，精神观念对社会的生存发展产生很大的反作用，如果观念不对，就可能事事不行。

中国较早经商的有齐商、晋商，然而俱往矣。近现代中国，尤其是改革开放以来，浙商异军突起。新时期经商走在最前面的是温州人，温州人敢为天下先，走出国门，我相信在座的可能有温州人。然后是绍兴，绍兴民营企业率先崛起，如轻纺城。宁波帮则是浙商中最早做生意的，当年上海滩的商场精英就是宁波帮。20世纪90年代以来，浙江省冲劲最大的是台州。台商大家可能不是很清楚，但吉利汽车你们知道吧？李书福的吉利汽车居然把沃尔沃收购了，这叫“蚂蚁吃大象”。浙商及台州人为什么能做到这样？他们的精神动力就是浙东文化。浙东文化精神的灵魂人物就是王阳明。当然浙东学派最早形成在宋代，陈亮、叶适的事功精神为其奠定了基础。然而浙东文化由于王阳明的“知行合一”理念而获得了新的活力和灵魂。王阳明提出“知行合一”，而且他还有这么一句话：“一念之动即是行。”延伸开来，我们常说的“来一次说走就走的旅行”“谈一次想谈就谈的恋爱”“喝一顿想喝就喝的酒”“做一件想做就做的事”，就是这种精神的体现。杭州台州商会的会长，是一位70后女商人。她跟我说过的一句话让我很受启发。她说：“潘老师，我们是念头不过夜的。”“念头不过夜”不就是“一念之动即是行”吗？他们要办什么事情，当天晚上就筹钱，第二天就行动。一个人如果观念上不思进取，不希望改变，就会永远在原地踏步，永远进步不了，休闲也是如此。有学生老是跟我说，潘老师我忙死了，哪有时间休闲。我告诉你，一个人永远忙不完，你要记住一个“沙漏原理”，古代没有钟，计时靠沙漏，一粒粒漏，每次只能漏一粒沙子，24 小时漏完再转过来。要记住，你要寻求的快乐只在当下，你此时此刻只能做一件事情，其他都不管，不然你永远休闲不起来，你永远会处于焦虑状态。现在在上学，毕业以后，要结婚、生孩子，接着要培养孩子，还要给他娶媳妇；他娶了媳妇以后，还要生孩子……永远没完没了。你只有当下想通，方能休闲。这就是文化观念的作用。

不同国家、不同地区有不同的文化，文化的传统和差异怎么形成的？德国有一个非常有名的存在主义哲学家叫雅斯贝尔斯，他曾提出“轴心时代”的概念。大意就是在公元前五六百年，就是距今 2 500 年左右的时候，世界主要的文化板块几乎同时产生了一些具有普遍性的思想和超越性的理论，出现了一些终极关怀，这个地方的文化开始理性化了，形成了一种普遍的文化传统。

(1)西方有两希，一个是古希腊，一个是希伯来。古希腊大家都知道，苏格拉底、柏拉图、亚里士多德师徒相承，他们的文化观念认为现象都是靠不住的，我们只能追求现象后面的抽象的本质。一次，苏格拉底跟弟子对话，问什么是美，学生回答的都是具体的美的现象。苏格拉底说：“你们都错了，我问你们什么是美，指的是任何对象、任何事物，只要具有这个特点，它就呈现为美了。”这个“美本身”是什么？现象都是假象，但是现象后面的东西是永远不变的，我们要追求的是现象后面的本质，而不是美的现象。所以西方形成 ontology，就是本体论，研究的是最抽象的绝对本原。这种文化传统使他们形成了科学精神，于是牛顿发现了万有引力，爱因斯坦发现了相对论。

(2)西方文化就是希伯来文化。希伯来文化形成于中东耶路撒冷一带，然后慢慢传向欧洲。这种文化认为人世间所有的东西都不是完美的，没有伟大的、神圣的东西。

今年我带博士生去荷兰做暑期交流，顺便去了趟科隆。科隆有个著名的大教堂，是世界三大天主教堂之一。这个教堂六百多年前就开始建了，到现在还没有完全建好。整个设计和工艺一丝不苟，然而设计师没有留名字，一代代建造的人都没有留名字。英国有个约克(York)古城，城里有一个大教堂，叫作明斯特大教堂，是世界文化遗产。我那次去听到这样一个故事：一个夏天，巨雷把教堂的所有玻璃全部打碎了，第二天约克成千上万的居民默默地聚集起来，把无数的碎玻璃全部捡起来分类，拼贴到原来的玻璃墙上。再比如以色列人在那么艰苦的环境中生存，他们靠什么取得今天的成就？靠的就是这种执着的、虔诚的、无怨无悔的信仰。

(3)中华人文，是以孔子和老子为代表的儒家道家互补的文化。这种文化最强调现世的人文精神，一切都圆成于当下的体认，无须超越现象，无须追求彼岸，甚至无须绝对地克制自己的欲望。

三、"度"与"和"的文化

因为我们中国的文化最讲究现世的当下体认，也就是人的文化，因而也就最富于人文精神。我们通过恰如其分的做人、做事，达到恰到好处的境界，那就是人文，人文的功能就是通过对这种分寸或度的把握使其恰如其分地化成天下。

拿握手来举例，一个男人握手应该很儒雅，很自信，很亲切。一个动作，举手投足之间，人们就能知道这个人有没有品位。握手，两臂恰如其分的角度是120度，如果小于90度就太巴结了，如果180度就太傲了。手要有力度但是不能跟人比手劲，眼要看着对方，但不能跟对方对视。不能握着手不敢看对方，那样心太虚了；不能握着手却看着旁边的女孩，那样心太花了。

中国人做人做事的基本尺度和最高境界就是恰如其分，看人看物的标准也是恰如其分。无数人给美下过无数的定义，我现在给美下个定义，就是恰如其分。以人体美为例，英国的BBC做过这样一个实验：选了38张照片，让全世界不同民族、不同学历、不同职业的人来看，看了后按喜欢程度排出次序，最喜欢哪张，最不喜欢哪张。我们原来认为不同的民族有不同的美，不同的阶级有不同的美，但实验结果表明，全世界的选择几乎是一样的。人们最喜欢的形象的特点是什么？就是长得恰如其分。在形式比例上刚好就是0.618，鼻子、眼睛、耳朵位置恰当，标致得几乎可以用一个面具套上去。恰如其分的呈现，是生命最健康，物种最富于竞争力的表征。当年阿根廷的战神巴蒂斯图塔，他的体形，他的肌肉，多么协调，多么优雅，多么健美，多么恰如其分！再看一些名模，一看就觉得心生喜欢。因为她长得恰如其分，所以就楚楚动人，甚至感觉她脉脉含情，所谓“大众情人”正是源于这种心理。恰如其分是健康生命的象征。

中国谈人的美只讲恰如其分，跟西方不一样，西方会强调美的比例，如0.618“黄金分割”。中国不说具体的比例，中国人谈美女的时候，不谈脸蛋的长宽比例是多少，只谈“增之一分则太长，减之一分则太短，着粉则太白，施朱则太赤”，不长不短，不红不白，则刚刚好。大家平时去旅游，宾馆里经常会写着“宾至如归”，“归”是什么意思，归就是理想的家园，因为恰如其分，所以感到很舒适，就是家的感觉。任何事物都一样，穿了一双鞋很合脚，这双鞋就是为我做的；穿了一件衣服很得体，这件衣服就是为我做的。这个就是恰如其分。所以中国人文化的核心智慧就是追求一种恰如其分的度，这个度就是“中”。中是“天下之大本”，什么叫“大本”，天下最理想的本然的状态。怎么达到这种本然状态，要通过“和”。“和为天下之达道”，和就是和谐，去掉过分、片面与不协调，回归于本然。比如说练书法，《兰亭序》里的永和九年，那个永字写得太漂亮了，如果说那个字的“中”是个“大本”，我就不断地练，尽可能地接近它。孔子讲“学而时习之，不亦乐乎”，学是学“中”，学一种标准，习就是不断地练，在过程中慢慢地接近“中”的形态。做人也好，做事也好，都要通过“和”，去掉你的片面性，去掉你的不协调性，慢慢接近最理想的状态，这就是中国“度”与“和”的文化。

四、如何成人？

审美和休闲都是成人的过程。德国古典美学家席勒最早提出审美教育，他认为审美是人成为人的唯一途径，也是最重要的途径。人怎么样能够超越动物？最基本的特点就是人对外观感兴趣，动物对外观不感兴趣。相比天光海色，动物对一盆饲料更感兴趣，它只有本能的需求。而人对外观感兴趣，对外观感兴趣是人超过动物的最大标志。为什么审美能够使人成为人，因为在审美的过程中，人把一切东西都对象化了，超越了实用的、功利的考虑，这个时候人就能够进入自由状态。人在感性状态是不自由的，因为受制于动物性的压迫。举个例子，安格尔的那幅称作《泉》的美女图，非常经典、优雅、漂亮，但我相信在座的男生，没有一个会看见这幅画就流鼻血，因为你一看就知道这是艺术，在艺术品面前你是自由的。所以你把世界上的一切东西都对象化，就能超越自己，就能跟物质、跟世界保持适度而自由的距离。从这个角度讲，审美能够完善人性，从而使人成为人。

中国古代非常注重"成人"的化育方式，尤其是孔子在《论语》中有几个重要的命题："志于道，据于德，依于仁，游于艺。""道"和"德"是不一样的，道是抽象的，无处不在，但看不见摸不着，我们只能用志，志就是志向追求；道转化为人具体的品性，就变成德了，德可以据守；"仁"，二人为仁，指不同人之间的伦理关系，就是对父母要孝，对孩子要爱，对朋友讲信义等等，这些准则需要遵循，也就是依；这些都是讲性命道德学问的。跟休闲和审美直接相关的是最后一点，"游于艺"，"艺"指六艺，相当于我们现在讲的文体活动或者休闲活动，这个同样很重要。朱熹解释说，"游于艺"虽然位置排在最后，但是非常重要，因为人在玩的过程中，可以明白各种道理。游这个字原来没有三点水，部首是一个方字，《说文》解释为"旌之垂"，即锦旗的下摆，随风飘荡，自由自在，三点水是后来加上去的，变成水的流动。无论旗子随风飘荡还是水的流动，特点都是自由自在。朱熹在《四书集注》里，把这个游字解释为"玩物适情"。"游"是玩物，适合人的情感需要，状态是自由自在、快乐愉悦。玩对于人很重要，一个人只会干活不会玩就是机器，不是一个完整的人。所以我们要适度地玩，在玩的过程当中慢慢体悟天地之间生存的秘诀，并完善人性。

孔子还有一组命题，叫作"兴于诗，立于礼，成于乐"，这是"游于艺"的展开。"兴"是古代诗歌表现方法，朱熹解释为"连类引譬"，"兴"有"比"的成分，但又让人联想，从具体的物象联想到抽象的道理。比如说"关关雎鸠，在河之洲，窈窕淑女，君子好逑"，这是一首真挚淳朴的民歌，通过鸟儿们亲亲热热的场景，让人联想到爱情的伟大。我联想到海涅有一首诗，大意是写一个小伙子在追求一个姑娘，这个姑娘很矜持，没有答应。姑娘的耳边有两个声音：一个是理智，提醒姑娘要小心，不要轻易投怀送抱；一个是情感，怂恿姑娘快享受生活，爱情很美好，她很纠结。这个时候一对鸽子飞过来了，站在他们前面互相为对方梳毛，亲吻。小伙子说你看，那个姑娘一看，两眼顿时充满柔情，这时理智只能保持沉默，情感在边上偷偷微笑。就一个画面，却让人领悟到什么，这就是文学艺术对人情感形象的启蒙作用。再比如妈妈要小女孩不和陌生人说话，可小女孩听不进去，妈妈就教她唱儿歌："小兔子乖乖，把门开开。不开不开我不开，妈妈没回来，谁来也不开。"唱着这首儿歌，作为小女孩，也许就容易接受这个道理了。跟小孩子讲抽象的道理，她是听不进去的，但是用这种故事，她很容易接受。所以古人让小孩通过"司马光砸缸"，学会急中生智；通过"孔融让梨"，学会谦让，等等。不光小孩如此，成人也如此。像古希腊人就很喜欢看悲剧，悲剧往往讲命运对人的捉弄，人很想获得自由，但最后总是落入命运的圈套。柏拉图说，古希腊人好像很笨，花钱去买眼泪。又说，当人们花钱流着眼泪从剧院里出来的时候，就变得聪明多了。命运是需要敬畏的，因此我们能够学会更聪明地活着。文学艺术就是通过一种形象的方式，让人明白道理，完善人性。

什么叫"立于礼"，朱熹对"礼"有两个定义：一是"礼者，理也"，礼是天理；二是"礼者，履也"，礼是行为。人生中有些行为是出于本能，比如说对孩子的爱，连动物都具备。但是对上一代的孝是需要理的，古人非常重视孝，汉代孝廉就可以当官，不孝马上把你革职，因为孝太重要了，如果父母、长辈养育了你，你不孝，天理何在？所以古代就对尽孝有许多礼的规定，这是天理规定的社会秩序。从"履"的角度讲，礼是行为的规范和艺术。男生一进校，军训非常有必要，不然有些男生可能就站没站相，坐没坐相。古人讲"立如松、行如风、坐如钟、卧如弓"，飒爽英姿，这符合人的自然体格状态。歪头歪脑的，自以为很舒适，其实可能使形体慢慢变形，不利于身心健康。女性也是这样的，必要的形体和仪态训练非常有用。人的脸蛋、皮肤、身材是天生的，化妆品能够部分地通过错觉改变人们的印象，但是一个人的气质、仪态才是他的魅力所在。行为体态和行为艺术是需要训练的，你看那些成功人士，看他穿衣服，看他待人接物，如何得体，如何有品位，这样的人才立得起来。所以就要立于礼，没有这个礼立不起来，人不像人，很难取得他人的信任。

第三是"成于乐"。为什么孔子把"成于乐"放在最后？事实上我们接受乐跟接受诗的时间并无先后，也许我们听儿歌比背诗还要早。但是为什么乐放在最后？乐作为一种艺术体裁跟诗和礼不一样，诗是语言因素，可以解释；礼仪是一种行为艺术，可以模仿；唯有乐，它非原型性，非语义性。乐是大自然的节奏和人的情感节奏的艺术化,完全靠心灵领悟。乐对于成人有两种功能,一是合序,一是合群。乐里面有独乐,有众乐,独唱独奏是独乐,合唱合奏是众乐。独乐对成人的好处在哪里呢?可以增强人的节奏和韵律感,增强协调性,让孩子从小接受键盘音乐,尤其是钢琴音乐,对提升他的形式感、审美感、协调感是有很多好处的。我认为对于成人更重要的是合唱与合奏训练。独唱独奏他有才能,有天赋,自行其是就行了。合唱更强调与他人的配合。一个大型的合唱团有几百号人、几百种乐器,在这个演奏的过程当中,参与者就会体会到,不但自己要表现得好,表现得准确,而且要跟他人配合好;不但要跟他人配合好,而且要跟环境、跟天地配合好,默契、和谐,才能形成那种圆浑的效果。在这个过程中,人的心性才能够脱俗,人的人格才能够圆成,这就是成于乐。

五、何谓世界?

在我看来,世界就是你感知的存在。没有一个客观的、固定的、统一的世界,全球75亿人,就是75亿个世界。一个人走了,他的世界就不在了,他仅仅成为别人世界里面的信息。海德格尔有两个术语,自在物质叫"大地",这个物质向你呈现,叫"世界"。所以世界都是向独知,向每一个独特的心灵呈现。从王阳明到海德格尔都是这样的观点,我也是这样的观点。再过若干年,潘老师曾经做过的讲座,已经变成别人世界里的信息了。世界对于你的意义,取决于你对世界的感受,这句话是我在20年以前,刚进入不惑之年时悟出来的。当时我的感悟有两句话,一句话是"这个世界对于我的意义,取决于我对世界的感受",第二句话是"我对这个世界的价值,取决于世界对我的认可"。前面的意义是本在的,后面的认可是外在的。我当时40岁,四十不惑,明白了许多道理。做人就是这样,你要自己本心明觉,然后把握分寸。你就是你的世界,你要有自己的本心、独知,你的世界才朗然呈现。

六、何谓生存?

人在世界上生存,不光是活着。余华写过一本小说,名为《活着》,这本小说我极力推荐。余华写得非常冷静,甚至非常冷峻,他的心理承受能力非常强,一个人遇到的最悲苦的命运事件,他用很平静的方式去叙述。书中主人公只是活着,不是生存。生存是自在、自由、自觉、自得的存在,而不仅仅是一个生命体,一个生物体。没有这个前提,这个生物体可能只是一个行尸走肉,是一个随波逐流的傀儡。在我看来,真实和自由对于生存具有决定性的意义,不真无在,说了一辈子假话,你就没有活过;不自无我,就是没有自主的见解,就没有你这个你,你就是世界上克隆出来的机器人。

七、何谓幸福?

幸福其实就是一个人的某种期望与现实之间的一种比例。你的期望高于你的现实,就会沮丧、痛苦;你的现实高于你的期望,就会幸福、快乐。期望与感受百分值永远是100分,2 000年前100分,20 000年后也是100分,不能认为物质水平提高了多少倍,你的幸福值就提高了多少倍,只有100分!你得想明白了!孔子那个时候是100分,未来也只有100分。人有几种活法,一种叫谋生,做人不得不谋生,你们在这儿上学,你们的父母亲要支持你们,他们得谋生;也许干的活是他们不喜欢的,他们还得干,这是被动的生活,往往与幸福无缘。第二种是荣生,一个人要光宗耀祖,拿了博士学位,当了大官,回去很体面,社会上很有地位。这是脸面炫耀,当然他肯定会掌握更多的社会资源,但是如果他不真实,他还是外在的,他得到的是给别人看的幸福。第三种活法,就是乐生,乐生是自在的,以自己的生存自足自乐,在这个过程中寻求快乐,快乐地活着,也给别人快乐,这才是真正的幸福。

八、何谓境界?

这里就涉及境界,同样的生活有不同的境界。禅宗讲境界,境由心生,生命的意义,生命的价值,甚至现象的呈现,都是通过心完成的。冯友兰先生是中国现代最著名的哲学家之一,现代西方人了解中国哲学,大都是通过他那两本书,一本是《中国哲学简史》,用英文写的,还有一本是上下卷的《中国哲学史》,已被翻译成多种语言文字。冯先生认为人有四种境界。一是自然境界,就是人跟动物一样,还没有觉解。二是功利境界,有所觉解,但是为自己谋利,境界狭小。三是道德境界,觉解到为公众为他人谋利,但是还有勉力和刻意的成分,还不是最高的境界。四是天地境界,这是做人最高的境界。天地境界与道德境界的区别是什么呢?比如说一个人老是想着,要全心全意为人民服务,要鞠躬尽瘁,那么境界就未到最高,不刻意想的时候,出于自然做事情,境界就更高了。天地无仁,普润万物。道法自然，天地从来没有刻意要做好事，但它们给世界带来福音。咬紧牙关做好事，这不是高的境界，高的境界是本能地做好事，所以王阳明讲“无善无恶心之体”，至善就是无善无恶，你不要去谈善了，也不要去谈恶了，顺其本性而事事至善，这个就是天地境界。

九、何谓休闲？

美国著名的休闲学家戈比是我们中心的客座教授，他对休闲下过这样的定义：休闲是从文化环境和物质环境的外在压力中解脱出来的一种相对自由的生活，它使个体能够以自己所喜爱的、本能地感到有价值的方式，在内心之爱的驱动下行动，并为信仰提供一个基础。这里我说明一下，这个信仰不是宗教信仰，是对生活的信仰，我曾当面与他印证。这个自由是相对自由，不是绝对自由。所谓物质环境，比如说你的经济条件、自由支配的时间；所谓精神文化环境，就是你和社会的观念。我们现在可以大胆地谈休闲，联合国把公民的休闲作为基本权利之一，但是30年前，我们只讲抓革命促生产，谁能谈休闲？中国社科院的一位副院长，有一次与我争论了起来。他办了两个刊物，约我写文章。我说文学批评之类的我不写，可以写写马克思的休闲思想。他说马克思搞革命，搞阶级斗争，哪里搞休闲？我说你错了，马克思搞阶级斗争、搞革命是为了什么，是为了让公民更好地休闲，马克思理想的共产主义其实就是休闲社会。革命不是目的，搞阶级斗争更不是目的，让人能休闲才是最终的目的。这个就是观念形成的文化环境！我们要大胆地、理直气壮地为自己的休闲，为子女的休闲，为公民的休闲奋斗。

我们最近在南科大举办了两个会议，一个是“审美与文化创意”，一个是“休闲与文化创意”。我最近有篇文章大胆提出，美是休闲创造的，而不是人们常说的“劳动创造美”。劳动只是制作、生产物品，有创意的东西往往产生于休闲状态。休闲非常伟大，非常了不起。原始人跟动物在大地争食物的时候，没法休闲。人类一旦有了石器和工具，提高了生产力，就有闲暇靠在树上休息一下。人倚木而休，这一刻非常伟大，这一刻语言产生了，这一刻文字产生了，这一刻故事产生了，这一刻诗歌产生了，这一刻哲学产生了，这一刻音乐产生了，这一刻绘画产生了。一个人整天爬来爬去，忙忙碌碌，根本没法思考，根本没法创造。牛顿坐在苹果树下休闲的时候，一个苹果掉下来，他突然领悟到了万有引力。魏格纳喝咖啡的时候发现大陆漂移说，凯库勒睡眼蒙眬中发现苯分子结构。伟大的创意往往出现在休闲状态下。天道未必酬勤,游戏无妨人生,也许创意和创造就诞生在不经意的休闲时刻。

休闲提供了创意的情境,而审美提供了创意的思维机制,即灵感思维、形象思维。我们的老校长潘云鹤曾经做过一项研究,是国家“985”的重大课题“形象思维的基础研究”。他的研究结论是,逻辑思维是线性的,不能提供创造,只能提供推论;任何创造都是形象思维提供的,形象思维是块状思维、云状思维,碰撞、变形,然后形成创新思维。在座的各位可能好多是工科的,工科的学生更要学点形象思维,我如果懂得一点科学,也可能效果更好,两者需要融合。我的微信名是“对酒当歌”,对酒当歌有何不可?对酒当歌、洒落自在的过程当中,也许一下子创意就出来了。尤其在北大、清华、哈工大这样的学校,我们更需要这种创造的活力。千万不要认为休闲、审美只是一种玩玩的玩意儿,它是一种人存在的理想方式。当然休闲有不同的境界:一种是遁世,像陶渊明那样,不为五斗米折腰,躲到山林田园里去,他是一种躲避的态度;一种是谐世,在这个世界上玩游戏,玩转社会运行规则,比如白居易;还有一种就是自得,就是你无须刻意躲到山林,也无须刻意迎合社会,不管面对什么样的世界,你都能无入而不自得,比如王阳明,这是人生与休闲的最高境界。

休闲跟审美不一样。我们原来理解的审美,主要是艺术审美,主要是形式上的观赏。休闲要落地,要切入生活。休闲有许多体验,体验有许多活动,活动需要许多产品和载体、场所,这些会形成一个巨大的产业经济,21 世纪最大的产业就是休闲产业。在发达国家,有几个数字:2/3 的收入用于休闲,1/3 的土地用于休闲,1/3 的人工用于休闲。休闲业绝对是第一产业,而不是制造业,也不是其他的高科技。

那么休闲产业的发展取决于什么呢?取决于人本的需求,按马斯洛的说法,人有五种人本需求,第一生理,第二安全,第三交往,第四自尊,第五自我实现。其规律是越低的需求越不可抗拒,越高的需求越能体现人的境界和品位。生理和安全是低级需求,虽然不可抗拒,然而消费价值很低,因为这些需求只是满足人能够活着。交往、自尊、自我实现是高级需求,虽然并非不可抗拒,然而消费价值依次提升,因为这些需求是满足人有品位地生活。

首先,生理最不可抗拒,比如说我们在沙漠上迷路了,3 天不喝水,要死人的,撒一泡尿肯定喝,甚至是一摊有毒的水,喝还是不喝?90% 的人会喝,因为那个时候生理需求压倒了安全需求。最简单的生理需求满足以后，会考虑安全需求，比如食品有没有毒，卫生不卫生，行为合不合法等等。在这两种需求状态下，人只满足基本生存，无须什么休闲业。

第三种需求是交往需求，交往是为了满足爱的本能。人是对象化的社会存在，人在对象化的交流中印证自己的存在价值。人最怕的不是死，死可能在你来不及害怕的时候就突然降临了。人最害怕的是孤独，孤独的人与世隔绝，让人甚至感觉不到自己的存在，这是非常恐怖的。所以人都渴望交往，在交往中，休闲消费就产生了，比如喝茶、喝咖啡、聚餐、派对、沙龙等，任何社交活动都是为了满足人的交往需求，而社交活动的消费在休闲经济中占了很大的比重。人们在交往中最渴望得到什么？那就是人本的自尊需求。人都渴望得到他人和社会的认同与尊重，为了满足自尊，有人会一掷千金，于是休闲消费的溢价就大幅提升。我的一个学生背了个品牌包，我问她这个包多少钱，要几千块钱吗？她说："你 OUT 了，3 万！"我说："你才 OUT，花了冤大头的钱，还沾沾自喜。"后来想了想，满足了她的自尊心，这 3 万块也值了。服务业为什么都要提倡微笑服务、低位服务，甚至蹲式服务？比如说上茶、处理投诉，就要尽可能低位，不可以趾高气扬。你满足了客人的自尊，客人就愿意掏钱了。人的最高需求是自我实现，小到一个陶吧里自己动手做一个罐子，大到极限运动、太空旅游。人最大的成就感是能够实现自己的想法。前两天有两个片子，一个是反映西藏的朝圣之旅，一个是讲独自穿越无人区，都是为了实现自我，实现自己的生命价值。媒体披露首次太空旅行不久将要举行，花费是人均 10 来个亿，还是不乏人想去。尽管这项活动很危险，尽管这项活动消费很高，但就是有人愿意冒这个险，就愿意花这个钱，这就是自我实现，是人的最高需求。

休闲经济是一种体验经济，体验消费的主要不是物品，而是一种感受，一种记忆，而且随着体验层次的不同，消费额度也逐层提升。举个例子讲咖啡，第一是农业经济，附加值最低，二两咖啡豆只要两毛钱；第二是工业经济，附加值有所增加，但增幅不大，二两咖啡粉可能要一块钱；第三是普通的服务经济，附加值大幅提升，去连锁店买一杯咖啡 10 来块钱；第四是体验经济，比如说你们有机会到西湖去，断桥边上，斜阳西照，坐进主题咖啡厅，夜幕降临，康乃馨、玫瑰花一插，轻音乐一放，你和朋友相视一笑，一杯咖啡送上来，168 元，附加值不可思议地大幅提升，但人就追求这种体验。

何谓审美没时间展开了，总的来讲，审美就是人对对象的一种情感体验。审美与休闲有共同的本质，就是自在生命的自由体验；有共同的特点，就是自在、自由、自得。审美和休闲都不是绝对非功利的，但是它不是直接的功利，而是超越直接的功利。喝一杯开水是为了满足解渴的功利，就不是休闲消费；填饱肚子是为了满足解饥的功利，就不是审美体验。但从容地品一杯咖啡，超越了直接的解渴需求或功利，就是休闲消费；品一顿色香味俱全的美食，超越了直接的解饥的需求或功利，就包含着审美体验。生活中任何事情，超越直接功利的自由体验必然能给人带来愉悦。审美与休闲共同的尺度就是恰如其分。就两者的关系来说，休闲是审美的落地，审美是休闲的提升。休闲需要一种境界，用审美规律来把握。审美不能躲在象牙塔里，要进入民众的生活，那就是休闲。在座的同学有空可以翻翻明末清初的一位文人李渔写的《闲情偶寄》，这本书是中国古代文人休闲的百科全书，休闲生活的各个方面都有涉及。

我的结论是休闲时代已经来临，在休闲时代能否聪明地休闲，取决于你自己能否恰如其分地体验和把握。所以祝大家无论在哪个岗位，无论是什么专业，都能有美好的生活，有美好的体验，谢谢大家。

提问环节

【主持人】谢谢潘教授的妙语连珠，会场不时地爆发出一阵一阵的欢声笑语。按照我们的惯例，我们接下来会有短暂的互动时间。还是和以前一样，你们有问题可以直接向我示意。我们并不期望您通过这样的一堂课，就会改变原来的一些固有的思维模式，但是最起码可以让我们以一个新的视角，重新来审视一下我们这么多年一直坚持的一些东西，这也是我们讲的学术方面的一种批判论。看看大家在这里会有什么样的交流。我先点了四位，你们在提问题的时候，首先要跟我们说一下是社会听众还是校内的师生，然后您简单地把您的问题用一两句话概括一下，一定不要在这里过多地展开，如果你还有一些什么需要展开交流的，可以在我们整场结束之后，跟教授做一个简单的互动。谢谢。

【提问】谢谢潘教授，今天对我来说也是非常愉悦的一次精神上的享受，也是一种休闲的享受。我觉得您今天讲的主题，实际上就是习总书记讲的人民对美好生活的向往，就是我们的奋斗目标。我的问题是，何谓休闲经济？好像不是那么高。休闲学科能不能有一个更加学术性的定义？我就这个意思，谢谢您。

【潘立勇】这里有两个概念,一个是休闲产业,一个是休闲经济。休闲产业是比较直接的,休闲经济是比较间接的。所谓休闲产业,就是满足人的休闲需求所提供的物品和服务,综合起来就是休闲产业。休闲产业以三大产业为核心,一个是旅游,一个是文化娱乐,还有一个是体育保健,这三大产业是核心。所谓休闲经济,是为了维持这个产业的运行,包括消费的过程,会形成一个经济链,包括银行、保险、媒体、交通等,所以休闲经济是一个更广泛的概念。我回答你休闲经济和休闲产业这样一个定义,它不涉及高低,就是人的基本需求,在满足最基本的生理需求的基础上所产生的精神性的体验需求。休闲产业涉及的面太大了,国家发改委都觉得休闲产业没法统计。学科的认知需要一个过程,目前还没法精确地定位。

【提问】潘老师您好,我是今天刚好路过这里,然后来听了您的讲座。我想问一下,如果我们想体现自己的价值,要去追求自己的目标,在追求目标的过程中,比如说初级阶段的时候,我们是既没有那么多时间,也没有那么多金钱和精力去完成,去达到这个休闲的目的,您觉得应该以怎样的方式去平衡两者之间的关系呢?

【潘立勇】第一点,我不同意你前面的观点,你没有金钱,没有能力去达到休闲的目的?其实你能够进入这个会场,你已经不是一般的人了。第二,即使是一般的人,每个人也都有自己的休闲方式,比如古代人颜渊,非常贫穷,但可以安贫乐道。能否达到休闲的目的关键是要有一种好的生活观念,有一种放得下的心态,有一种和光同尘的境界。什么叫同尘?我就是灰尘,我既然是灰尘,我还怕什么,我能做得灰尘,才能达到光的境界。所以你不能以马云为标准,这样你苦死了,这辈子一点希望都没有了。你就以你自己为标准,每个人有一个合适的自我意象就行了,建议你去看一下马尔兹的《自我意象心理学》。

【提问】潘老师您好,我原来是高校学生,现在是社会读者,今天下午听了您的讲座,其实也是一种享受。我这里主要有两个问题想问一下,一个问题是休闲应该是跟一个大环境有关,比如说像国外,进入后工业化时代,包括北欧那边,冬天夜晚时间很长,冬天也很冷,人们需要一直待在屋里,所以产生了宜家、北欧那种比较有创意的家居。但是像您刚才讲的,比如说杭州的休闲就要比深圳的休闲要好一些,其实每个地方的休闲或者每个城市的休闲都有自己独特的气质,有自己个性化的环境，深圳的大环境其实就是节奏快，就是讲创新，而杭州相比之下是老城市，因此它本来就有一种城市的文化底蕴在那里。我想问一下，如果说我们深圳接下来要发展休闲产业或者文化创意产业的话，针对大环境这块，我们应该怎么样去塑造，这是一方面。

另一方面我想问第二个问题，国外的休闲，就是人追求休闲的本质，而我们中国人追求休闲的本质是不一样的，尤其是在当下，感觉追求休闲都夹杂了一点功利性的东西在里面。我的问题是：我们自己在追求这种休闲的过程当中，应该保持一种什么样的健康心态？

【潘立勇】建议你听主持人的话，以后问题提得更简洁一点。你说深圳如何能够建立这种休闲的大环境，现在深圳我感觉到最不满意的，就是外在的环境不协调，高端的非常高端，低端的非常低端。高端的是非常现代化、极其时尚的写字楼，低端的是破败的农民工房挤在一起。好像我今天穿了一件很休闲的西服，但是脚上却穿了一双扎绳的草鞋。我觉得深圳需要从提供一个休闲和人文的空间这方面营造精致和谐的环境，这样更有利于提升文化创意产业。

你说一个人怎么样达到休闲？很简单，你不想这个问题的时候，你就达到了；你老在想这个问题，就永远达不到。你老是以别人的标准寻找一个标准，其实标准就在你自己身上。你怎么快乐就怎么样，那时候你就会很休闲。今天晚上想喝一杯就喝一杯，想出去跟谁约会就跟谁约下会，没准儿下次就没机会了，就这样。

【提问】潘教授您好，我是来自哈工大的学生。在前三位听众提问的时间里，我其实对我的这个问题已经有了自己的解答，但是我还是需要问一下，我看休闲有两种方式的休闲，一种就是比较简单的，需要比较少的知识的休闲，比如说我去玩一个密室逃脱、拍个大头照那些。

【潘立勇】这叫随意性休闲。

【提问】我主要想问一些复杂的，比如说弹琴、写书法这种休闲。

【潘立勇】这叫严肃性休闲。

【提问】高层次的休闲，它在初级阶段，真的也会遇到一些学习方面的痛苦，我想问，在初级阶段怎么享受这些比较严肃性的休闲？

【潘立勇】痛并快乐着，就是这样。休闲是有两种：一种就是无须技巧的，随意的，这叫随意休闲；还有一种叫深度休闲，或者严肃休闲，需要一定技巧。这有个过程，我以练书法为例，开始练得很痛苦，然后慢慢喜欢上了。知之者不如好之者，好之者不如乐之者。你在练的过程中得到快乐了，得到快乐以后有一个心理体验，物理时间忘掉了，一个不小心一个小时过去了，慢慢觉得字写得有点像样了，微信上一秀，点赞的人也多了，心理上就会有快乐的体验，就是这样。你不要选择太难的，不要去做蜘蛛人，掉下来我也觉得挺可惜。作为高才生，那种极限运动，代价太高了，要选择适合自己的。但是严肃休闲开始付出的多，后来得到的快感也多，这是对等的。

【主持人】刚才我们有四位听众做了现场互动，我刚才也看到，还有两位举手示意，还是和我们的惯例一样，刚才四位好像都应该是社会读者，其实一个应该是哈工大的本科生，我们其他三个学校的研究生们还有没有问题，如果有的话，我想把最后这个机会留给你们，如果你们没有人举手，我先把这个问题留给你。

【提问】潘教授您好，我是在校的研究生。我现在面临着一些问题：在学习、科研上面投入的时间比较多，休闲的生活比较匮乏。

【潘立勇】什么匮乏？

【提问】就是想法，感觉你要我去玩，玩什么东西，都没有那个概念，除了科研。

【潘立勇】给你一个建议，找个女朋友，赶紧，马上有想法了。

【提问】第二个有的时候内心不自觉地出现时间的紧迫感，要是一段时间闲下来，内心就非常慌，觉得总得找点事来做。

【潘立勇】我知道，这是焦虑，有一些人总是有焦虑强迫症。消除焦虑，两点最重要，一是我刚才讲过的“沙漏原理”，每个时间只能做一件事情，不然永远焦虑；第二，你要敢于做最坏的打算，大不了死了。你要想明白，你总比死去的好吧？你现在没得绝症，是非常幸运的，你这样想，老天对我已经很恩赐了，我的好几个朋友，躺着变成植物人了，我觉得我已经很幸运了，这样我就很幸福了。其实你这个问题很简单，你不想的时候，这些问题就没了。不要多想，你就一个人，一生就3万多天，现在已经过了1万多天了，还有2万多天，一步步走过去。我不知道你谈朋友没有，找女朋友很重要，必须谈恋爱。你不谈恋爱，怎么可能懂生活？

消失的维度：低维度材料的奇异特性及应用前景

主讲人：刘碧录

讲座时间：2017 年 12 月 16 日

讲座地点：深圳大学城图书馆四楼 413 报告厅

主讲人简介

刘碧录，清华－伯克利深圳学院博士生导师，副教授，基金委“优秀青年基金”获得者(2017)。主要从事碳纳米管、石墨烯、二维材料等低维半导体材料的可控制备及其器件应用的研究，在碳纳米管的手性控制制备、石墨烯等二维原子晶体的控制制备、低维半导体材料生长机理、低维半导体材料在电子、光电、传感、能源等方向的应用领域取得了一系列原创性研究成果。现担任材料类综合期刊 *Science and Technology of Advanced Materials* 的 Associate Editor。在 *Advanced Materials* 等国际刊物上共发表学术论文 70 多篇，论文被引用 7 300 余次，多篇论文被选为 ESI 高被引论文，H 因子为 41，且获授权中国发明专利 3 项。

主要内容

人类的文明离不开材料科学的发展，而材料科学的高速发展也推动了人类文明的不断前行。日常生活中材料随处可见，而当材料的维度(如长度、宽度、厚度)逐渐变小直至几近消失时，它们又会表现出什么样的奇异性质和应用前景呢？本讲座从材料科学与工程、低维材料和嘉宾正在从事的材料科学研究三方面，科学严谨而又生动形象地介绍了材料科学领域的历史、发展、以及奇异特性和应用前景。

一、材料科学与工程概述

材料科学不仅对于人类物质生活和文明进步有着重要意义,而且这个学科本身就非常迷人。可以说,人类的文明史就是材料的发展史,所以我们有很多以材料命名的时代名称,比如石器时代、青铜时代、铁器时代、硅时代……那么接下来我们就跟随人类文明的步伐来看一看材料的发展。

(一)材料发展史简介

远古时代,人们一般使用大自然中随处可见的天然材料做工具,比如石头、黏土、木材等等。矿石冶炼技术的革新标志着石器时代的结束和青铜时代的开始。青铜并不是纯铜而是铜锡合金,这个时代人们已经可以冶炼铜与锡、砷或其他金属的合金,制造自然界中本来并不存在的材料。同样,在接下来的铁器时代,人们又掌握了制造新材料的技术。早在公元前3200年,人类就发现陨石铁存在于地球上。到铁器时代,人类已经有能力冶炼铁矿石、去除杂质、调节碳含量,进而调控钢铁材料的性质。

对比青铜器时代和铁器时代,众所周知,现代社会铁比铜的应用更广泛,其在自然界的储量也更丰富,那为什么青铜时代比铁器时代出现得更早呢?其实这也是人类较早使用科学知识去制造材料的例子。观察下面两组反应式(图1),会发现它们非常相似——碳还原氧化铜制备铜,碳还原氧化铁制备铁。所不同的是这两种金属的熔点,铜的熔点是1 085 ℃,铁的熔点是1 538 ℃。注意我们讲的是青铜,它是铜和锡的合金,锡的熔点只有231.9 ℃,因此青铜的熔点比纯铜低很多。古代炼铁炼铜的方法是:首先把铜或铁从氧化物中还原成单质状态,然后熔成液体,把铜水或者铁水倒在模具里面才能够做成一个形状出来。大家可以想象一下,3 000年前、4 000年前的古人怎么得到高温?现在可以烧木头、可以烧煤、可以利用电产生高温,但是4 000年前得到高温非常困难。铁的熔点比较高,当时的人类很难获取足够高的温度把它熔化成液体,这是导致铁器时代比青铜时代晚出现的一个重要原因。

$$CuO+C \longrightarrow Cu+CO_2$$
$$Cu_2O+C \longrightarrow Cu+CO_2$$
$$SnO_2+C \longrightarrow Sn+CO_2$$

VS

$$Fe_2O_3+C \longrightarrow Fe+CO_2$$
$$FeO+C \longrightarrow Fe+CO_2$$

	熔点/℃	特点
铜(Cu)	1 085	
锡(Sn)	231.9	
铁(Fe)	1 538	矿藏丰富、价格低廉,碳杂质少,加工工艺性强

◆1 200 ℃液态青铜倒入空干燥铸模中

◆古人如何获得高温?

图 1　为什么青铜时代要早于铁器时代

我们刚才讲了石器、青铜、铁器,随着时代的发展,后来又有各种各样新的材料被发现或被制备出来,其中无机化学和有机化学的发展对新材料的开发起到极其重要的推动作用。首先来谈谈无机化学给新材料的发展带来的变革。举个例子,意大利古罗马斗兽场,这是个水泥的结构,它已经屹立近 2 000 年了,如果这是木质结构,大家想象一下,它现在还能站在这吗?不能!原因很简单,一旦发生战争,一把火就烧毁了。水泥这样一种无机材料的制备,蕴含了一些新的化学反应和材料科学的新知识。

刚才我们提的是无机化学,有机化学对材料发展的贡献也是非常大的。19 世纪初期科学家认为无机和有机是两个完全不相关的东西。无机是死的、有机是活的,只有从生物体里面得到的东西是有机的。下面这个反应非常重要,它说明一种无机物、一种矿物是可以变成尿素这样一种非常典型的有机物的(图 2)。从此之后,我们知道了无机物和有机物之间可以互相转变。因此在 19 世纪的时候,有机化学得到了快速发展。人们运用有机化学的知识,通过有机合成制备出了很多种新的、具有特殊功能的有机材料,比如各种各样的树脂;更贴近实际生活的材料,比如家里用的不粘锅。不粘锅的原理就是在锅的表面涂了一层有机高分子涂层,它既能够耐高温,又能在炒菜的时候使菜不粘锅。

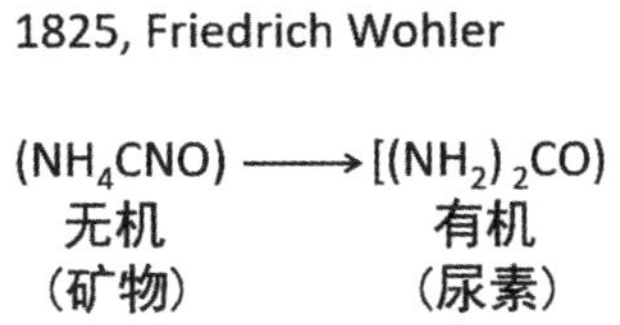

图 2　从无机物到有机物的转化

(二)材料发展的里程碑——20—21 世纪新兴材料

进入 20 世纪以来,除了我们之前提到的青铜和铁等金属以及其他的一些无机、有机材料,很多新的金属材料及其合金、碳纤维、硅、Ⅲ ~ Ⅴ族材料、化合物半导体、超导体、导电高分子等新型材料陆续被发现和制备出来。这些材料现在被广泛应用于电子、能源、生物、化工等工业领域。下面我们简单举例说明。

(1)金属和合金。

铁、青铜听起来是比较古老的名词,但实际上当今社会金属材料的应用依然是非常广泛的。举个简单的例子,18 世纪,第一次工业革命首先在英国发起。为什么首先出现在英国呢? 这里面有两个非常重要的因素:第一个是当时英国的煤产量很高,第二个是英国的钢铁产量很高。只有煤跟钢铁这两个产业发展起来了,才能够支撑工业革命。钢铁性能的好坏,很大程度上取决于其生产过程中加入的东西,比如说一点点碳或别的元素。如何控制加入的碳的含量,是一项非常困难的技术。从铁和碳的相图可以知道温度不同、碳含量不同的时候,钢的相结构和性质是非常不同的。从全世界钢铁产量的分布图中可以看到,中国是世界上钢铁产量最高的国家。有个冷笑话,说全世界钢铁产量最高的是中国,不含河北;世界第二名是河北,不含唐山;世界第三名是唐山市;世界第四名是美国,等等。所以我们国家的钢铁产量是非常高的,但是每年我们还要进口高端钢铁,这就是因为我们钢铁的品质相较而言不是那么高。除了钢铁合金之外,我们知道还有钛合金、铝合金、镁合金等。这些合金有的特别轻质,可以应用在航空航天领域。比如要让飞机飞起来,机体太沉了肯定不行,那样太耗油,所以材料的重量是非常重要的。另一方面,现在很多材料是需要植入人体的,比如关节处,这就要求这个材料要有生物兼容性,植入后不能与身体发生不良反应。钛合金在生物兼容性方面,就比铁、铜等金属更合适。当然还有很多现在正在研发的,基于金属材料的新型功能材料。

（2）碳纤维。

下面我介绍另外一种比较重要的材料——碳纤维。碳纤维坚如磐石、韧如发丝。碳纤维虽然很小，但是非常强韧，细度大概是人头发的十分之一，因其质量特别轻，韧性又特别好，所以在飞机、跑车等领域应用非常广泛。碳纤维看起来很简单，就是以碳元素为主形成的一根绳，但实际上其制造还是非常困难的。目前世界上能把碳纤维做好的国家和公司并不多。碳纤维制备过程中涉及100多步反应。我们国家的碳纤维技术进步非常大，一些中端和低端的碳纤维产品是非常不错的，但是力学性能更高的碳纤维现在还是较难实现量产。

（3）硅。

接下来介绍的是一种非常重要的材料——硅。如果没有硅的话，我今天也就不能给大家做演讲了，大家也看不到这个屏幕了，因为硅是现在所有电子器件的核心材料，没有硅就没有这一切。做个形象的解释，电子器件的工作原理就是电子在硅材料里面来回跑动，而且这种跑动是可以调控的。我们可以通过调控它跑到哪儿、跑多快、是否允许其跑动等，实现器件的各种功能。那么硅到底是种怎样的材料呢？硅是一种矿物，宏观来看长这样，这是其晶格和原子的结构，如图3所示。

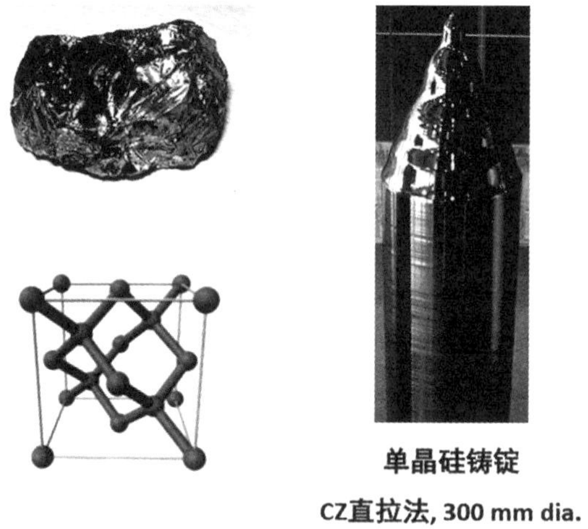

图3 硅的形态

我们可以制备硅。生长的大块硅圆柱体叫硅锭。现在最大能长成直径

300 毫米的硅锭。能长多粗的硅锭，是衡量一个国家半导体发展水平的重要标志之一。硅锭不是想长多大就能长多大的，因为不仅要长大，而且要求里面缺陷很少，这意味着制备出的硅必须是纯度和质量非常高的单晶。国际上有标准，规定硅锭里面每单位体积可以容忍的原子级缺陷的数值，超过标准值，硅就不能用了，所以怎么让硅锭长大，是非常困难的一件事情。硅之所以重要是因为它是有一个 1.08 eV 的间接带隙的半导体，正因为这个带隙，我们才可以用硅制作晶体管，把它当作一个开关控制打开、关上。换句话说，我们可以在硅中实现电子运动的控制，让电子跑出来或者不跑出来。晶体管类似电子水龙头，电子都喜欢往稳定的低处跑。那么什么是好水龙头呢？就是你拧开的时候水流量特别大，关上的时候一点都不漏水。好的硅晶体管也是同理，你把它关上的时候，电子一个都跑不出来，你把这个阀打开的时候，电子能够跑得特别快、特别多。这样的阀的发明是非常重要的，所以晶体管的发明者，威廉·肖克利、沃尔特·豪泽·布喇顿和约翰·巴丁，他们三位科学家获得了 1956 年的诺贝尔物理学奖，主要贡献就是他们对半导体和开关效应的研究。硅晶体管出现后，我们就可以做计算机了。20 世纪 40 年代末 3、4 层楼那么高的计算机能够慢慢发展成为现在使用的尺寸很小、功能更强大的计算机，主要原因就是我们把每个晶体管做得更好、更小、功能更强大了。

（4）Ⅲ ~ Ⅴ族化合物半导体。

除了硅半导体之外，还有一类是Ⅲ ~ Ⅴ族化合物半导体。为什么这些屏幕能发光，是因为它们都包含一个种发光的元件。原先我们使用电灯泡作为发光元件，现在发现发光二极管更好。2014 年诺贝尔物理学奖也是授给了开发蓝光 LED 材料的三位科学家，以表彰他们在蓝光二极管方面的发现以及节能领域的贡献。蓝光二极管有什么好处？白光是由绿光、红光和蓝光组成的，绿光和红光二极管很好做，但是蓝光二极管非常难做，所以他们做出来蓝光二极管以后就有白光了，世界就亮了。其中一位日本科学家——中村修二，在做报告谈到他的贡献时说，因为他的研究，他开发了发蓝光的材料，使得全世界少建了 11 座核电站。如果没有节能的蓝光 LED，那就得需要更多能源来照明，就需要修建核电站发电，而我们知道核电站有一定的安全隐患。所以蓝光二极管的发现，被誉为和爱迪生发明高效率电灯泡一样伟大的发现。研究发光二极管的工作非常重要，科学家同时也开发了一系列的发光材料、光电材料。

(5)导电聚合物。

接下来介绍的也是非常经典的材料,导电聚合物。高分子聚合物一般都不导电,但是有一个实验室偶然发现,高分子原来也可以导电,还可以是超导,并因此获得2000年的诺贝尔化学奖。这个材料的发现也是在一个非常偶然的实验中被发现。日本教授白川英树,让自己的学生去做实验,结果这个学生不小心把催化剂的量多加了一千倍。本来从事有机化学研究的一个实验室,却做出了一块具有金属光泽的材料,这很有趣。后来他们与物理学家合作,发现通过掺杂,这块塑料竟然能导电,这是一件非常奇怪的事情。所以他们就继续研究,这种有机材料为什么会导电,以及如何制造导电的塑料。这是非常重要的发现和非常大的贡献,为什么呢?我们知道塑料很便宜,而且可以在溶液中加工,与其他导电材料如金属、半导体相比,塑料有很多的优势。这也是他们能够获得诺贝尔化学奖的一个比较重要的原因。

(6)仿生材料。

当然了,我们还有一些特别特别有意思的材料,比如仿生材料。壁虎能在垂直光滑的墙上爬行,我们为什么不能呢?荷叶出淤泥而不染,我们在其表面放点什么上去它都不脏,为什么我们的手摸一些东西就脏了?这些都是有趣的现象。基于此,我们可以从自然界中去学习,即制作仿生材料。科学家把壁虎的脚放大看,发现它的脚上有很多特别小的触角,因为这些触角特别小,所以壁虎的爪子贴在墙上的时候,可以贴得很牢;我们的手太粗糙了,贴在墙上,接触面积太小了,所以黏附力量很小。知道这个原理之后,我们也可以仿照壁虎脚的形状和结构做一种材料,它碰到墙就把自己粘住了,如图4所示。这个是谁做的?就是安德烈·海姆教授。这是2003年的工作,后来2004年他们发现了石墨烯,2010年因石墨烯的发现获得诺贝尔物理学奖。

我们人类可以做这个材料,但是没有自然界的完美。壁虎能够自由爬行,但是人造的东西,贴在墙上以后就动不了了,不能像壁虎一样收缩自如。所以如何做出一种既可以非常稳固地贴在墙上,又可以轻松离开墙面而自由移动的材料,还有很长的路要走。总之我们通过向自然界学习,能够做出具有新功能的材料。

(7)其他具有特殊性质的新兴材料。

还有一些比较有意思的新材料,比如玻璃。玻璃是什么样子的(图5)?这是我们印象中的玻璃,是一种刚性的材料。现在科学家们可以制造出能像纸一样卷起来的玻璃,这种玻璃叫柔性玻璃(Willow Glass)。我们可以看到这种玻璃也是透明的,但是可以卷起来,有望用作柔性器件的基底。将来的很多器件都可以做成柔性的,进而穿戴在身上。还有防弹玻璃,子弹也打不穿它,这里面当然也包含了很多材料科学的知识。另一种有意思的材料是一种金属。金属重不重?在我们印象中金属的密度一般都比较大、比较重,但是现在可以通过改变金属的结构,做出一种可以放在蒲公英上面的金属材料。蒲公英就能把它顶住,说明这块金属非常轻。现有技术可以把很多材料都做成这种结构,称之为超轻材料。此外,二氧化硅做的气凝胶,是一种半透明材料,特别轻。它有什么好处呢?如果我们把手指头放在它的上面,下面用火加热到 800 ℃、900 ℃,手指头也感觉不到热。它是一种非常好的隔热、保温材料。

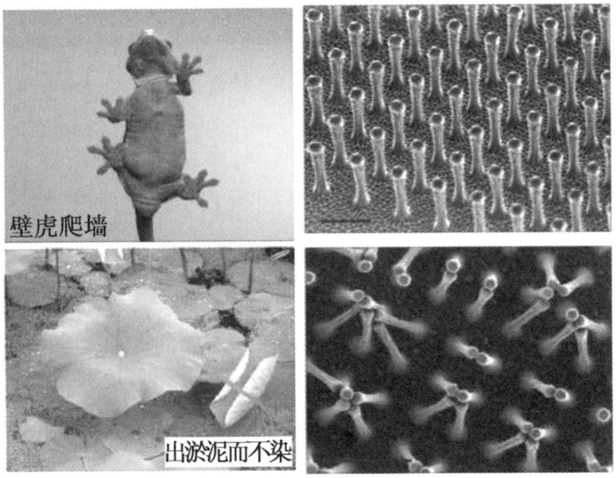

图 4　仿生材料及结构

当然,还有很多新的材料,比如液态金属、智能材料、生物材料等等。有一部电影叫《无敌金刚》,里面有个机器人,它是由智能金属制造的,别人把它的胳膊打断,它马上就会长一个新胳膊出来。当它想离开密室,可以直接变成液体,从门缝底下流出去,流到门外以后,它又站起来了。这里面有一些是想象出来的材料,可能 10 年、20 年之内还实现不了,但是很多年后也许我们就有这样的材料了。

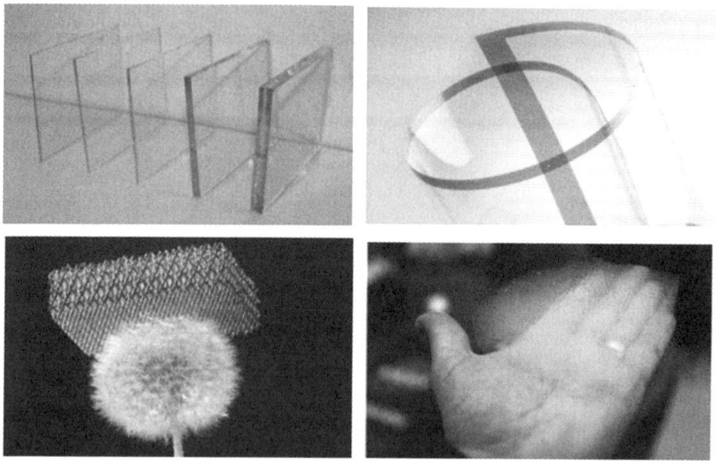

图5 传统玻璃VS柔性玻璃

(8)材料四面体。

我们刚才非常简要地介绍了一些重要的材料,有的现在已经不用了,有的还使用得非常广泛。那么回到我们第一个主题,材料科学与工程是做什么的?下图(图6)所示的材料四面体非常好地概括了材料科学与工程的核心。我们知道材料是由原子和分子组成的,现在用的大部分材料都是固体,固体就有结构、缺陷。所以,材料科学首先研究的是材料的成分是什么、结构是什么;另外干将莫邪炼剑,为什么剑好,因为他们炼剑的技术高超,也就是工艺好,比如说温度、压力、气氛、什么时候加碳进去、加多少碳进去等等,控制得好。这些能够影响材料性能的参数,就是加工参数。我们通过材料参数的调控可以改变其性质,包括力学、电学、光学、热学、生物学性质等,再基于这些性质去探索其应用。此外,我们怎么知道结构与性质之间的关系呢?第一个趋势是材料表征,包括直观的照相技术。现在的照相技术可以达到什么水平呢?可以把一个原子拍出来,并且知道材料里面每个原子在什么位置;把原子找出来以后,还要知道这个原子是哪种元素,这就是光谱分析,因为不同的化学元素会有不同的光谱信号;第二个趋势是微区表征,一块材料,其每个区域可能不同,如果想知道这个小区域和那个小区域有什么区别,一定要做微区分析;第三个趋势是原位表征,比如在炼钢铁的过程中,一天炼一炉钢铁,等一天炼完以后再去观察,时间就太长,材料坏了我们都不知道,如果想知道每时每刻反应是什么状态,要实时原位观察。这也是材料表征里面,近年来非常重要的一个研究方向。实时观察为什么重要呢?这是因为实时观察可以边长边看,比如放一堆水果,时间长了就被细菌吞噬掉了,如果原位实时把整个过程拍下来,我们通过这样一组动画,就能够知道腐蚀的过程有多快,每个过程会发生什么事情等,这对进一步研究怎么去延缓或加快这个过程具有很重要的指导意义。

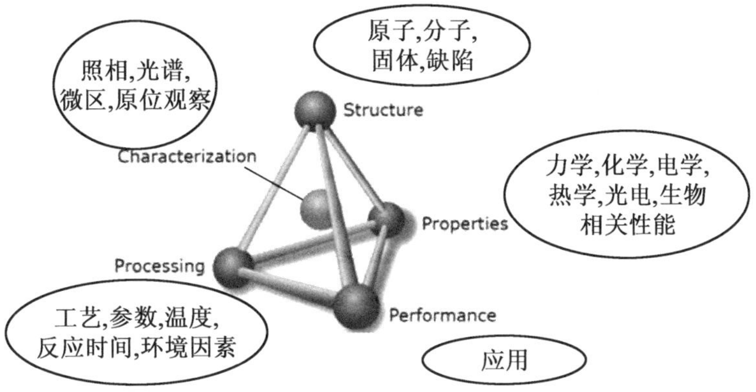

图6 材料四面体

下面我做一个小结,我们可以通过调控材料的成分、加工、结构、缺陷,甚至加外场(外加电场、磁场),改变材料的性质,进而实现其各式各样的应用。

二、低维材料

我们日常生活中有很多很多的材料,为我们美好的物质生活奠定了基础。这些看得见摸得着的材料是什么呢?我们把它们叫作块体材料,意思是说,我放个东西在这儿,我们能看到它的三个维度——X、Y、Z,都是宏观大小的。这样的材料叫传统材料,或者叫块体材料,是我们现在生活中占绝对主导地位的材料。

这里面我提到一个词——维度,什么是维度?比如有一根木头,你把它切得特别薄,最后切成一张薄纸一样,那厚度这个维度就消失了。一张特别特别薄的木片,薄到什么程度呢?薄到只有一个或几个原子那么厚。这种材料叫作二维材料。另一种方式,你可以把 X、Y 方向切得特别细,Z 方向还是很长,最后得到一条特别细的线,这个东西就叫一维材料。当然你可以把 X、Y、Z 三个方向都切小,它最后变成一个点,这时候会得到零维材料,它的 X、Y、Z 三个维度都消失了。这就引出了我们今天的第二个主题,也是最主要的部分:低维材料。

首先我们通过一个比较宏观的概念来理解周围物体的大小,比如网球直径是10厘米左右,癌症细胞直径是10微米左右,再往下是细菌、病毒、葡萄糖分子、水分子。我们讲的低维材料,或者叫纳米材料,大概是从零点几个纳米到100、200个纳米尺度的材料。这种材料有什么奇特性质呢?

首先给大家看点有意思的照片(图7)。宏观的东西我们经常见到,而当你看到特别小的东西的时候,会有一些很惊奇的发现。这是显微镜放大后的螨虫。大家说一个月不洗被,300万螨虫陪你睡,所以我们要经常洗被子。如果不洗的话,拿个放大镜一看,身上就有这个东西,所以把小东西放大看,具有非常不一样的感觉。我们猜猜这是什么东西?它是我们喝的橙汁,放干之后就长这样。这又是什么东西?这个东西每人都有,这是我们舌头上的味蕾。那这又是什么东西呢?这是一块钢铁,表面有一个裂纹,利用显微镜放大后,钢铁表面的裂纹就像是山沟一样。我们去一些大使馆申请签证,需要采集指纹,为什么呢?因为我的指纹和你的指纹长得不一样。这个就是指纹的放大图片。指纹识别非常重要,因为指纹是唯一的,签字和证件可以伪造,但是指纹是伪造不了的。通过指纹识别可以追踪一个人的信息,比如他有什么历史记录、去过什么地方。这些东西都是我们生活中经常会碰到的,把它们放大了看,我们会有惊奇的发现。所以说,一旦材料尺寸变小的话就有可能有惊奇发生。

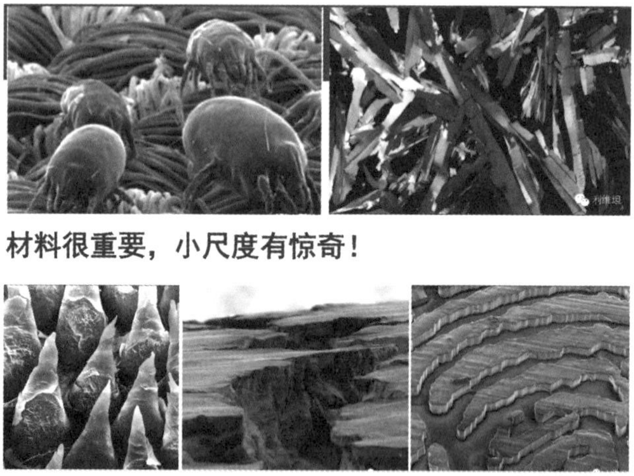

图7　小尺度有惊奇

真正拉开研究纳米材料或者低维材料序幕的是 1959 年一个非常著名的演讲——“底部还有很大空间”,这是费恩曼教授做的一个演讲,费恩曼也是诺贝尔物理学奖得主。在这个演讲里他说:“据我所知,现有的物理学知识并不否认你可以一个一个地搬动原子来制造新物质。”换句话说,给你一个工具和很多原子,我们可以一个一个搬,把原子想放在哪里就放在哪里,提供了一个从底部往上创造新物质的可能性,从而创造出任何想要的物质。比如这张 IBM 的工程师做的照片上(图 8),每个亮点都是一个一氧化碳分子,这些分子的位置可以人为放置和操纵。他们把分子摆放成一个小孩子的形状,还在远处放了一个分子。这部电影叫《一个男孩和他的原子》。那么怎么搬运这些分子,为什么要搬运这些原子呢?这是这部分的第一个主题。

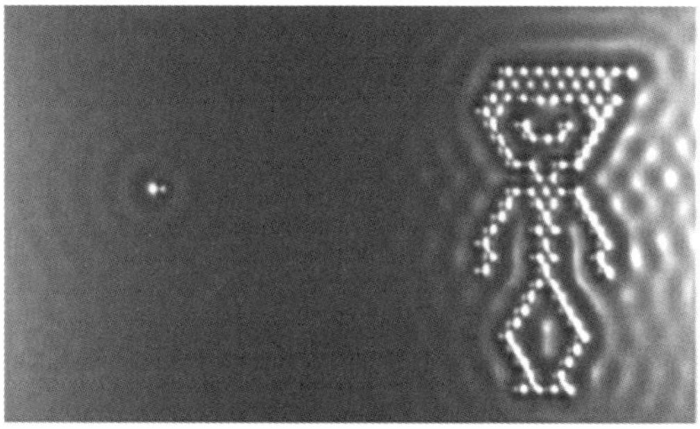

图 8　IBM,原子电影《一个男孩和他的原子》

我们现在宏观的三维材料用得好好的,为什么要把它切得特别薄、特别小呢?真正的原因就是维度效应。从最本质的层面上来讲,当材料是三维的时候,X、Y、Z 都是比较大的,在允许的能带里面,块体材料的电子可以连续地从低能级往高能级填充和跃迁。但当我们把它切成薄片形成二维材料之后,情况就发生了变化,有的能量状态下有很多电子,有的能量状态下只有少量电子。一维材料体系中,绝大部分电子都集中在一条狭窄的钉子状能量区间。即当维度变化以后,允许电子存在的能带的形状也发生了变化。这是物理的本原,它会导致什么结果呢?材料的很多性质,包括力学的、电学的、光学的、热学的,归根到底取决于电子的状态。如果我们把电子的能量和分布状况改变了,那这个材料的很多性质都会相应发生变化。还有一个重要的原因是表面效应。比如有一个盒子这么大,我们

沿着 X 方向切 10 下,沿着 Y 方向切 10 下,能切出 100 个小格子出来,这 100 个小格子和原先的大格子比起来,体积没变,但是表面积变更大了。我们继续切下去,使得这个盒子的所有原子都露在表面,便可得到非常大的表面积,就会出现所谓的表面效应。原子处在表面有什么特点呢?它会不稳定,变得特别活跃,容易被氧氧化,被氢还原,被别的物质给拽走,或者从别的地方获得一个东西,比如电子、原子。所以材料越小,表面积越大,活性越大,这在很多地方是很有用的,比如催化剂。这就是低维材料的表面效应。表面原子增多所引起的表面效应,是低维材料或者纳米材料一个很重要的现象。

量子尺寸效应是纳米材料表现出的另一个效应。当材料的尺寸变小后,其电子结构完全改变,进而导致它的光学等性质发生改变。还有一个是限域效应。一个平面的材料,如一张纸,纸里面的电子跑不到纸外,因为跑到纸外需要很大的能量,所以它特别喜欢在纸里面跑。电子在纸里面跑或是跑到纸外会导致完全不同的性质。

刚才我们比较笼统地介绍了低维材料的效应,下面我以碳元素为例,讲述为什么碳既可以构造传统的块体材料,又可以构造维度消失的低维材料。碳是元素周期表中的第六号元素。现在我们已知的物种有 1 200 万种,其中 1 100 万种是含碳的,整个有机化学都是碳的化学。碳元素的最外层轨道有 4 个电子——2 个 s 电子和 2 个 p 电子,这 4 个电子有不同的成键方式,可以以 sp^1、sp^2 或 sp^3 的方式杂化,这些不同的杂化方式会导致碳原子和别的原子成一个键、两个键、三个键,也可以和自己成键。碳成键方式的多元化,是碳材料和碳的化合物多元化的本质。

碳材料非常常见,比如石墨、金刚石,这些都是块体三维材料。1985 年科学家发现碳可以形成足球状的富勒烯,相关的三位科学家获得了 1996 年诺贝尔化学奖。1991 年科学家发现碳还可以形成一维的碳纳米管。2004 年科学家发现当把石墨剥得特别薄,薄至一层原子时,它居然能稳定存在,还具有一些奇特的性质,这就是石墨烯。石墨烯是 2004 年首次发现的,或者说首次引起了研究者们的普遍关注,发现石墨烯的科学家于 2010 年获得诺贝尔物理学奖。

纵观碳材料的发展历史,其实人类很早之前就已经开始使用碳材料了,比如从原始时代开始烧火取暖,就要用碳材料。后来炼铁需要使用焦炭,之后又使用碳电极、特种石墨等,它们是核工业里用到的中子缓速剂。再到刚才讲到的碳纤维、金刚石、碳复合材料,再往后发展,富勒烯、碳纳米管、石墨烯……已经发现了这么多的碳材料,新的碳材料还在不断出现,如中科院化学所李玉良院士实验室合成的石墨炔等。这么多的碳材料,其实都是由碳元素组成的同素异形体,几乎涵盖了所有物质中最好的性质,同时又拥有完全对立的性质。比如金刚石是最硬的材料,石墨、石墨烯又是很软的材料。我们有特别绝缘的碳材料,如根本不导电的金刚石,也有非常导电的碳材料如石墨烯、碳纳米管。我们知道石墨是黑的,当把它剥薄以后,形成石墨烯,它就是透明的,所以透光不透光又是对立的性质。碳材料像高分子那样丰富多彩,既具有金属那样的韧性,还具有陶瓷那样耐高温的性质,所以碳材料是种类丰富、性质优异的一大类材料体系。

下面我以三种经典低维碳材料,富勒烯、碳纳米管、石墨烯为例,来介绍低维材料。

(1)零维纳米结构和纳米材料——富勒烯。

首先是零维结构碳材料富勒烯。富勒烯是什么呢?最早制备富勒烯时是向装有石墨棒的腔体里面注入10个大气压的氦气,由石墨棒提供碳源。向这个腔体里引入激光,打在石墨棒上面。激光打在东西上面会产生热,产生多高的温度呢?可以使石墨气化的温度!石墨的熔点是3 000多摄氏度,石墨气化成气体,变成碳原子和碳团簇。团簇是几个原子抱在一起的小结构。在这样的体系中,有10个大气压的氦气、碳原子、碳团簇飞来飞去。单个碳原子和碳团簇不稳定,特别想和别的碳原子抱在一起成个键,体系能量降下来赶紧安居乐业,最后生成了一堆灰。这个灰是什么呢?经过质谱分析可知它的分子量是720,即60个碳原子的分子量,这是1983、1984年的发现。分子量为720的这个峰特别强,孤零零只有一个峰,很神秘,所以把它叫作孤胆奇兵。然而如果只知道这个物质是由60个碳原子组成,要探究它是什么结构还是非常困难的。中学化学里面就讲过一个稳定的分子要满足价键饱和规模,不能有悬键,那么分子量为720的分子究竟是什么结构呢?当时有科学家尝试分析60个碳原子是不是一个链状或者片层结构,或者是不是个环,试来试去都不成功。这就像苯环结构的发现,科学家发现苯是由6个碳原子、6个氢原子组成的,但是它到底是什么结构?链状的不行,双键单键设计都不饱和。最后,科学家有一天晚上做梦梦见有一条蛇咬住自己尾巴了,由此得到启发,发现苯原来是个环形的分子。富勒烯结构的确定也经历了相似的过程。这几个物理学家、化学家研究了好长时间搞不定,最后问了个数学家,这个数学家说,这不就是一个足球吗?最后他们拿了一个足球一看,确实长得一模一样。这个分子是一个三维封闭的球体,叫富勒烯,或者叫足球烯。

1985 年的这篇文章,标题就叫 C_{60}。这三位科学家在 1985 年发表了文章,1996 年获得诺贝尔化学奖。刚刚我们知道它为什么叫足球烯,那为什么又叫富勒烯呢?富勒是一个人名,他是一位建筑学家,喜欢盖这种圆球形的建筑。其实碳 60 结构的确定,一个启发是足球,另一个很重要的启发就是富勒的这种建筑风格。我们宏观的世界,我们的建筑,和微观世界的分子是有很多相似性的,可以互相启发。用 60 个碳原子可以组成一个富勒烯,82 个也可以组成富勒烯,这一堆分子组成了一个丰富的富勒烯家族。下图中有不同的富勒烯球(图 9),这是在球的表面修饰各种各样集团的结果,进而构成一个非常丰富的化学分支,叫球化学,或者富勒烯化学,这也是为什么富勒烯的发现者能得诺贝尔化学奖的一个重要原因,科学家们不仅仅是发现了一个分子,而是孕育出一类化学。

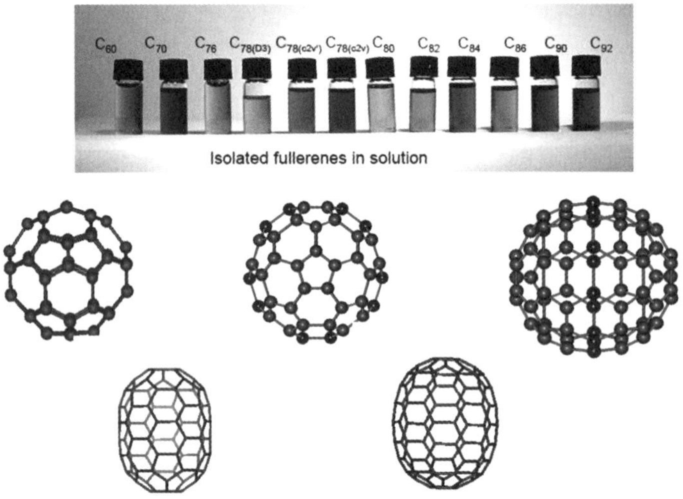

图 9　富勒烯 从 C_{60} 到 C_{10000}?

大家知道现在世界上最贵的材料是什么吗?有人列举了世界上最贵的前十种材料,第一是反物质,它非常非常贵,因为制不出来。第二贵的材料是什么呢?是往富勒烯里面灌一个氮原子。这个材料多贵呢?一克 10 亿人民币左右。那灌进去有什么用处呢?有一个很重要的应用,可以做原子钟,用于超精准计时。当一堆富勒烯聚集在一起时,会形成富勒烯晶体,其结构是固体材料中特别常见的类型——面心形立方结构。目前,富勒烯的批量制备已经比较成熟,比如中科院化学所的实验室不仅可以做富勒烯,还可以做金属填充的富勒烯,产量大约是每年 50 千克。

富勒烯有什么用?整体而言,现在市场不是特别的大,但是陆续还是有一些新的应用被开发出来。比如富勒烯是一个球,可以做润滑剂,很重的物体压在上面富勒烯不会破,它滑来滑去的,以此来缓冲压力。富勒烯还是一个比较好的空穴传输材料,可以作为太阳能电池里面的一个关键材料使用。此外,在生物、催化方面也有很多应用。很多研究还在继续进行。

(2)一维纳米结构和纳米材料——碳纳米管。

刚才介绍的是把一个三维材料各个方向都缩小到纳米级而得到的零维材料,接下来我们讲一下只缩小 X、Y 方向的维度而得到的碳纳米管。它的发现也是个偶然,自从 1985 年富勒烯被发现后,很多科学家去从事相关研究。日本有一位科学家饭岛澄男(Sumio Iijima),他是透射电子显微学专家,在制备富勒烯的过程中,他把通入的氦气换成了氩气。电镜里面,除了富勒烯之外,他还看到了别的东西,几根棍状物质,这就是碳纳米管。碳纳米管就像是由碳原子形成的一张纸卷起来了。但是如何卷,从哪个方向卷,都会导致碳纳米管长得不一样。它的原子转一下,就会形成不同结构的碳纳米管,这叫作碳纳米管的手性结构。它一会儿转成金属,一会儿转成半导体,没办法控制。所以碳纳米管自 1991 年被发现到现在,科学家一直在研究怎么控制它的生长。碳纳米管有什么优良性能呢?它的迁移率很高,电子在材料里面跑得快;它作为半导体,禁带宽度可以调控;它的力学强度很高,很难被拉断;它还有一些热学等方面的优异性质。此外还可以把富勒烯灌到碳纳米管里面去,做成豆荚的结构。如果在一个空旷的平面撒一些豆子,它们可以向四面八方跑。但是如果在细管里面放一些豆子,它们只能朝前后跑,这就像高速公路上的单行道,不能逆行,从而产生一些有序的新结构、新现象。

碳是很接地气的,制备碳纳米管和种水稻特别像。就像下面这张图(图 10)进行的比较一样,种水稻需要一片水田,长碳纳米管则是需要一个生长腔体;种水稻需要种子,长碳纳米管也需要种子——催化剂;种水稻要施肥,长碳纳米管也要施肥——通入碳源,要不然物质都不守恒了;种水稻需要风调雨顺,比如合适的温度、降雨量等,生长碳纳米管也需要调节生长腔体的温度、压力、气氛等;另外,种水稻，即使风调雨顺了，种子肥料都好了，不同的人种出来结果也不一样，所以手艺和技术很重要，生长碳纳米管也有一样的问题。农民伯伯种植水稻、科研人员生长碳纳米管，是非常相像的过程。

种水稻

长碳管

种水稻	长碳管 (制备碳纳米管)
种子	种子(催化剂)
肥料	碳源(甲烷、酒精等)
风调雨顺 (温度、水量)	生长条件 (温度、气氛)
农民、农业专家	学生、导师
……	……

图 10　碳纳米管 VS 水稻

从微观的角度来讲，碳纳米管是怎么生长的呢？生长碳纳米管是一个非常复杂的过程，因为它发生在特别小的纳米级空间，速度又非常快，所以从微观上，目前还没有明确的理论解释。大体而言，有一个催化剂，碳源在催化剂表面催化分解形成碳物种，比如碳原子、碳片段；在合适的条件下，它们移动到能量最低的位置，进而在催化剂的辅助下生长成一个管状结构。

生长碳纳米管主要有三种方法，前两种是激光法、电弧法，其原理相似：利用高能量的激光或者电弧放电，把石墨变成碳原子，然后通过调控生长条件，把碳原子组装成富勒烯或碳纳米管。现在生长碳纳米管更重要的方法是化学气相沉积法。这个过程很简单，我们通入甲烷、酒精等“肥料”，使其与催化剂“种子”结合，就生长成了碳纳米管。碳纳米管长什么样子呢？它可以是绳状、薄膜，也可以是像书一样的结构；可以立起来，像一片森林；还可以把它生长成特定形状，这种技术叫图案化生长。奥巴马刚当选总统时，美国科学家生长出一个奥巴马图案的碳纳米管，它由 1.5 亿个碳纳米管组成，叫纳米奥巴马。

图案化生长的意义是可以控制碳纳米管生长在确定的位置。如果想提高图案化精度，就需要降低碳纳米管的生长速度。我们 2009 年的一项工作就是想把碳纳米管的生长速度降下来,因为生长速度太快不容易控制。我们生长碳纳米管的速度是别人的 1/1 000 倍,进而实现了在特定狭窄区域生长碳纳米管的目标。

另外一个很有意思的研究,是给蚕宝宝喂碳纳米管或者石墨烯,看看它能不能发生神奇的变化。这是我们清华大学张莹莹老师实验室的成果:他们喂蚕宝宝吃碳材料,吃与不吃碳材料的蚕宝宝吐出的丝长得挺像,但经过测试之后发现,吃碳纳米管的蚕宝宝吐的丝的强度、韧性等力学性能都有较大的增强,是一个战斗级的蚕宝宝。

碳纳米管的应用现在也存在很大的局限。碳纳米管量产是没有问题的,比头发丝十万分之一还细的材料,工程师们现在可以制备出几百吨来。也可以制备出很纯的碳纳米管,还可以制备出各种各样姿势的——碳纳米管可以站着长、躺着长、交叉长、长成一个特定形状等。目前最大的局限是每根长得不一样,不仅长得不一样,还可能性质相反。想制备半导体碳纳米管,结果里面混杂了一些金属碳纳米管,这就麻烦了。所以怎么控制碳纳米管的原子结构,进而控制其电学性质,是这个领域从 1991 年到现在最大的一个挑战。生长出的一批碳纳米管中,有高有矮、有胖有瘦,这影响了它们的导电性等一系列性质,所以怎么把这些碳纳米管里面结构和性质一样的挑出来,或者直接生长出一模一样的,是这个领域最困难的问题,也是限制碳纳米管应用的核心挑战之一。如果我们能够攻克这个问题,碳纳米管的基础研究以及实用性会向前迈进一大步。

(3)二维纳米结构和纳米材料——石墨烯。

刚才我们介绍了零维和一维的材料,接下来介绍二维材料。关于二维材料,大家可能听过石墨烯,近年来出现的一种特别重要的材料。石墨烯是 2004 年发现的,2010 年获得诺贝尔物理学奖。这是安德烈·海姆教授和他当时的博士后康斯坦丁·诺沃肖洛夫博士发现的。石墨烯是什么呢? 一点都不神奇,其实大家都已经接触石墨烯多年了。小时候使用铅笔写字,就是在制造石墨烯,所以后来安德烈·海姆教授获得诺贝尔奖以后大家都很后悔。从六七岁就开始接触石墨烯,怎么没想到去深入研究这个材料呢! 石墨烯之所以重要,是因为在物理上有一个很重要的理论预言:严格的二维材料不能稳定存在。后来大家发现这个二维材料还是存在的,尽管表面有一些波浪起伏,不是绝对平整的。能够打破这么经典的理论,是个很大的创新。当然除此之外,石墨烯本身也具有非常优异的电学性质。

那么石墨烯是什么东西呢？下面的图更清楚(图 11)，就是一层石墨。石墨是层状矿物，我们把它不断剥薄，最后就得到石墨烯。最早 Geim 实验室是拿一块石墨，用胶带不断剥，或者拿一支铅笔刮擦，在纸上写一写，总能得到一些薄层的，那就是石墨烯。从结构上讲，石墨烯可以看作我们刚才讲的富勒烯和碳纳米管的母体材料，即我们拿一块石墨烯可以卷成富勒烯或者碳纳米管。

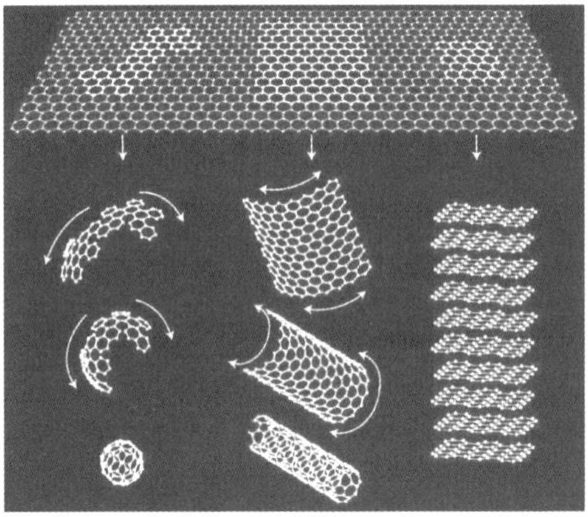

富勒烯　　碳纳米管　　石墨

图 11　石墨烯是其他维数碳材料的基本构成单元

从理论上来讲，石墨烯是目前为止最薄的材料，不可能存在比一层原子还要薄的材料了，同时它有很好的热学、力学等性质。举个简单例子，电子跟人一样，如果走的路不平，坑坑洼洼的，走路就比较慢了；或者路上老出现粘脚的东西，走一步把我们粘一下，我们就走得慢了。石墨烯的好处是它特别平，而且特别干净，电子在上面跑得特别快，这是一个很大的优势；把石墨烯和别的材料做一个对比，我们刚才提到硅是当前电子器件的核心材料，电子在硅里面能跑多快呢？大概是 $1 \sim 1\,000\ cm^2/(V \cdot s)$，而电子在石墨烯里面比在硅里面跑得快多了。换句话说，如果我们拿石墨烯去替代硅做成电子器件，有可能处理东西的速度、效率就能够提升几个数量级。同时石墨烯还是透光、导电的。如果仔细看你周围的物体，你会发现大部分物体透光就不导电，导电就不透光，如玻璃透光不导电，金属导电不透光。但是有的材料既透光又导电，这样的材料特别有用，比如手机和电脑的屏幕等，石墨烯就是这么一种透光导电的材料；另外一个很有意思的现象是，在基底上挖一个坑,放入一个原子,然后用一片石墨烯盖住坑,则这个原子上亿年都跑不出来,即石墨烯的密封性特别好。此外,石墨烯还具有良好的导热能力。现在特别热门的领域——大数据、云计算,这么大的计算量需要干什么呢?需要给计算机散热,要不然计算机就烧了。怎么散热?我们需要导热能力特别好的材料,石墨烯就有可能在热管理领域找到重要应用。当前在电子器件里面,每年因为热耗费掉了大概 10% 的能量,如果能够比较好地解决热的问题,则电子器件的寿命、效率、功耗等都会有较大的提升,这也是石墨烯的一个应用方向。

当然,石墨烯只是这么多薄纸中的一种,我们也可以把别的层状材料剥薄,如 $NbSe_2$、BSCCO,它们是超导体,也可以做得很薄。现在有一大堆的二维材料,如同一大堆的薄纸,既有绝缘体、半导体、金属,也有绿纸、白纸、黄纸、红纸。那我们可以干什么?可以把它们堆起来,就像积木一样堆成玩具,这就形成了异质结材料,从而创造出不同结构、不同性质的材料。它们有望在电子与光电领域有一些突破性的应用,这也是这个领域里面现在最前沿的研究方向之一。

(4)应用。

我们之前以碳材料为例,介绍了富勒烯、碳纳米管和石墨烯等低维材料,那么这些材料有什么用呢?虽然说已经研究了很多年,但它们还属于比较新的材料,就像碳纳米管也才 25 岁。人们预测它们可以应用在很多不同的领域,如复合材料、能源、电子材料等。举几个例子,比如碳纳米管做的一个无人机,只有 40 克重,是目前最轻的飞机。另外一个想象中的应用是,碳纳米管可以上天入地。上天可以做地月电梯,只有碳纳米管才可以做,钢不行,因为从地球到月球太远了,钢自己的重量就会把自己拽断了。入地怎么用呢?日本科学家把碳纳米管和聚合物复合在一起,用作深海探测的探头,发现在温度高、压力高、条件极端的地壳深处,碳纳米管探头的性能比传统材料做的探头更好。这些都是理论上未来可能的应用,目前无法实现的原因是我们现在生长的材料达不到要求,一旦材料可以达标,道理上以上应用是行得通的。另外一个很有意思的应用是,我们可以做一个碳纳米管涂层,特别的黑,黑到什么程度呢?黑到你看不见它,眼睛盯在上面都没法聚焦了。这个涂层是吉尼斯世界纪录中最黑的材料,这类材料可以用在高精密光学元件上面,比如检测极弱的电磁信号。

石墨烯就更年轻了,在电子、光电领域里面都有应用前景。现在市场上也出现了不少石墨烯的产品,比如电池、电容器、LED 灯的散热等。图 12 是全球碳纳米管和石墨烯专利申请的情况,可以看到,在逐年增长。

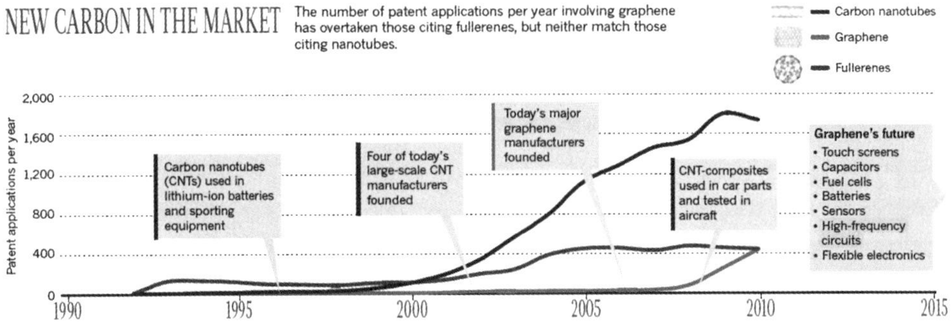

图 12　全球碳纳米管和石墨烯专利申请情况

我们刚才介绍了三种材料,零维富勒烯、一维碳纳米管、二维石墨烯。虽然说现在有这么多的新材料了,但是科学家们还在孜孜不倦地继续探索,也提出了很多预测,有没有 2.5 维的碳,有没有 4 维的碳,尽管并没有合成出来,但我们不能排除这种可能性。也许再过几年,又会出现新的传奇材料。

三、我们在做什么

我所在的实验室是清华–伯克利深圳学院“低维材料与器件实验室”。实验室于 2016 年 6 月 1 日成立,现在我们实验室主要从事碳纳米管、石墨烯等低维材料的生长和表征及其在电子、光电子和能源转化领域的应用研究。

我们现在用的电子器件是什么样子呢?比如手机,现在是这样的刚性平板,未来的器件长什么样子呢?有两个趋势,第一是小型化,第二是多功能化,不仅要小,而且还要能够穿在身上,器件速度更快,耗电更少或自驱动。这对目前的半导体材料,例如硅、Ⅲ ~ Ⅴ半导体等提出了挑战,同时也为碳纳米管、石墨烯等低维材料提供了发展机遇。我们电脑的尺寸越来越小,从以前一台电脑三四层楼那么高,变成现在的一台电脑十几、二十厘米高,主要是因为构成电脑的基本元件越来越小,单位面积内可以集成的元件的数量增加了,即摩尔定律的内容。但延续下去的话,会出现一个问题——当把硅切得特别小的时候,它就不稳定了,尺寸再小就会影响性能了,这时候就必须使用新材料。另外现在的器件用的是刚性材料,未来可能会使用柔性的或者非常薄的,并且具有多功能特性的材料,比如可穿戴、可以检测温度和湿度、环境污染指数等。它最好还是太阳能驱动的,不需要电池;既是触摸屏,又可以拉伸等等。这些都是非常高的要求。

还有一个大背景是:现在全球面临着非常严峻的能源危机和环境污染问题,二氧化碳排放有可能要定额并且收取碳税。我国北方冬天的雾霾问题等,都与能源相关。如何开发高效的材料,进而用于清洁能源的生产和储存,也是我们关注的一个核心问题。总结一下,我们实验室是以材料创新为根本,基于材料的设计和生长,研究材料在电子和光电、能源领域以及柔性器件方面的应用。我们希望做出更好的材料、制备更好的器件、进而实现更优的性能。

下面简单举几个例子,第一个是我们做的薄膜晶体管,它是电脑、电视等产品显示器中的一个重要部分。我们可以在四英寸硅片上集成很多这种薄膜晶体管。另外,现在很多电子器件都是使用光刻工艺制作的。一台光刻机和一架波音飞机一样贵,是世界上最精密的人造设备之一。如果能在室温和普通环境中,不需要超净间、不需要光刻机,用一瓶溶液印刷出一个电路,则会大大降低成本。这就是未来一个非常重要的研究方向,即印刷电子学。我们在这方面也做了一些研究工作。

还有一个就是我刚才提到的透明的物质往往不导电,导电的物质往往不透明,所以怎么做透明导电的材料就非常重要。现在用的透明导电材料,是一种叫ITO 的物质,即氧化铟锡。这个材料面临的问题:第一,铟的价格较高,而且还在逐步攀升;第二,这是一个氧化物,是无机材料,很脆,在许多实际场合,我们需要柔性的材料去实现透明导电的功能,这就需要使用碳纳米管或石墨烯去替代ITO。这是近年的研究前沿,也是我们在做的一个课题。基于这些材料,我们可以探索它们在电子器件、智能手机等方面的应用,也包括印刷电子。当然我们的核心还是材料科学,怎么去发现新材料、新功能,才是我们最大的兴趣点。

刚才讲了很多的材料,大家可以感觉到材料科学特别有前景,不过我们要认识到,任何一种材料,从发现到实际应用,都要经历非常长的研发周期。这里我举一个例子,就是太阳能电池材料(图 13)。收集太阳能转化成电能这个过程,涉及一些关键材料。可以看到 1970 年科学家就开始研究太阳能电池,这里面每一条曲线代表一种材料,其能源转化效率一直在提升。即使太阳能电池现在已经大规模商业使用了,每种材料都有研究者在持续研究、提升性能,所以关于它的研究是一直在增长。我想说的是材料从真正发现到应用要经过很多年的研究,甚至要经过好多代人的研究和提升,才有可能真正实现工业应用。

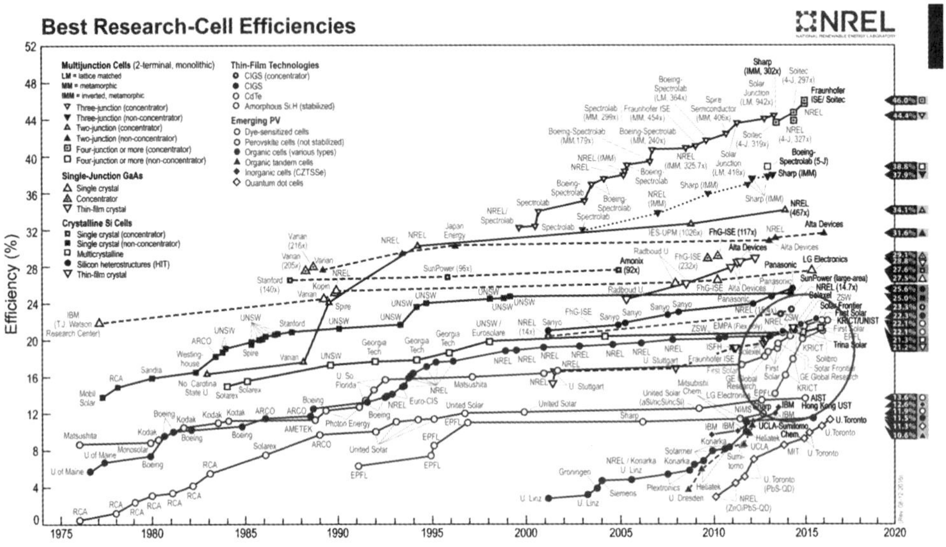

图 13　太阳能电池研究

提问环节

【提问】刘老师,我来自清华大学物理系,我有两个问题。第一个,你刚才讲到石墨烯既可以透光,又可以导电,我的问题是石墨烯在光学领域,在 plasmonic 或其他光电领域,有什么应用前景?第二个问题是你刚才有讲到导电聚合物,它导电的电子不是自由电子,能不能在 plasmonic 领域有一定的应用?谢谢。

【刘碧录】谢谢你的问题。我觉得如果要在 plasmonic,即等离激元领域应用的话,首先它要是一个金属,第二个比较重要的要求,就是它的电子浓度要比较高,等离激元领域所用的材料包括贵金属,金、钯这些,都是一些导电的材料。从这个角度来讲,导电聚合物一般不用在这个领域。石墨烯是可以的。石墨烯在光学方面的应用,除了 plasmonic 之外,还有很多,比如石墨烯的带隙是零,它原则上对所有的光都有响应,可以做全波段光电检测,从太赫兹到红外线、可见光、紫外线等,甚至检测能量更高的电磁波。另外因为石墨烯透光、导电,所以在 OLED 等光电器件领域可以作为透明电极使用,这些应用领域都有一些研究,像石墨烯透明导电电极,也是有一些产品的,只不过目前产品的性能跟现有材料差不多,但是价格更贵,在市场上应用还是比较少。

【提问】刘老师,我是清华大学材料学院的博士后,在能源环境大楼做工程师。我对你讲的碳纳米管可控生长那部分内容非常感兴趣,我想能不能更多地介绍一下,比如说你讲的碳纳米管,它可控生长之后,长出来碳纳米管的物理特性,比如说半导体的,或者说是绝缘的,或者是金属的,这些方面的性能是否也有可控性?

【刘碧录】这个问题也挺好,假如我们有 1 000 根碳纳米管,那其中 670 根是半导体,330 根是金属,这里面不会有绝缘体。在 670 根半导体里面,有一些粗的,有一些细的,有一些是带隙大一些的,有一些是带隙小的,即不同结构的碳纳米管的性质不同。

现在大家怎么生长碳纳米管呢?有一个种子,这个种子就是催化剂。问题是碳纳米管是在高温下生长的,而催化剂只有几纳米。想象一下,900 ℃、1 000 ℃的高温下,几纳米的催化剂的状态是液体,跑来跑去、转来转去,科学家很难控制它的形状,导致所生长的碳纳米管乱七八糟,粗的细的都有。我们生长碳纳米管,温度还是 900 ℃、1 000 ℃,但我们使用的种子(催化剂)特别坚强、稳定,它在高温下依然保持固态。这样的话,种子是什么样子,最后就生长成什么样的碳纳米管,这个方法叫克隆生长,这样生长出来的材料就是性质可控的。半导体的种子,长出来的是半导体的碳纳米管,我们测试其电学性质,发现确实是半导体。当然,这并没有完全解决碳纳米管手性这个问题。我们现在只能生长出几千根碳纳米管,并且只能在电子显微镜下看见。如果要长一吨这种手性可控的碳纳米管,现在还是远远实现不了的,所以在真正的产业化应用方面,还有很长的路要走。

【提问】刘教授你好,我来自深圳一家做材料的公司,同时我也是哈工大的一个研究生,在做电磁、电极用的石墨烯。你可以预测一下这个应用在今后大概多少年可以实现吗?因为这个是我们现在新能源汽车的痛点。还有很多年轻的学生想学你这个领域,但是我看了 Geim 教授的微博,他很多年都是一个很清贫的教授。你为什么会喜欢上这个领域,对材料科学领域的年轻学生,或者后生有什么寄予的希望呢?

【刘碧录】我试着回答一下，首先是石墨烯电池，像你刚才说的电动汽车，国家在大力支持。深圳公交车都是在用充电电池或者电容器。关于利用石墨烯做电池材料的研究非常火热。在我们清华，有很多人都在研究石墨烯类材料在电池和储能方面的应用。现在媒体上经常会有一些报道，称石墨烯电池充一次电只需几秒钟、几分钟，就能跑几百公里、上千公里。根据我们的理解，或者我们现有知识的分析，拿纯的石墨烯去实现这些目标是比较困难的，或者是不太可能的。不过，石墨烯可以作为电池的添加材料，它确实可以改善电极的导电性能、增加比表面积和容量、活性物质负载等。所以石墨烯作为助剂是能够起到一定作用的，并且有一些产品出现。换句话说，石墨烯目前是作为助剂，提高电池原本活性物质的性能，而非替换原先的电池材料。

对于你的第二个问题，我个人的感觉是，我们深圳、广东，乃至国家，对新材料的投入是非常大的。我觉得一个人要进入一个什么领域，最重要的一点，就是首先要比较喜欢这个东西。比如我昨天晚上还跟我的研究生聊天，晚上 10 点左右，我去他的办公室，他给我看了一张特别好看的照片，说是生长材料，长出一个很奇怪的东西，他觉得这个东西色彩特别斑斓，虽然可能没用，但是特别有趣，乐在其中，能在这个过程中享受到一些东西，我觉得这是更重要的。至于你讲的清贫不清贫，我没有看到 Geim 教授的微博中这么讲过，也没听说他有微博。我感觉在材料领域，比如我们老师从经费的角度，学生从毕业以后就业的角度来讲，还是挺不错的，毕竟材料是非常重要的一个实业领域，这是我个人的一些看法。

【提问】感谢刘教授的精彩演讲，你有很优秀的学术素养和生活积累，我们很敬佩。我有两个问题。第一个问题，你讲到 LED 的发现帮助我们少建 11 座核电站，我算了一下，制造出一个 LED 的器件，比如衬底材料、碳化硅、蓝宝石其实是非常昂贵的，外延又是 MBE，也是非常昂贵的，在超高真空下生长 LED 的芯片也是非常昂贵的，而且它也会用到有毒材料，再到 LED 的芯片，再到封装，我觉得整个制造下来，耗能比一个 LED 所节约的可能还多，这是我的第一个问题。

第二个问题我们知道核电站很危险，但是目前由于能源危机和环境的压力，而且我们对能源的需求是在持续增加的，所以我们现在大力发展核电站，这是不得不承认的事实。尤其是大亚湾核电站，我们作为深圳人就很深切地感受到大亚湾核电站的建设，改变了方圆几十里的生态环境。其实大鹏半岛非常美丽，就因为大亚湾核电站,会有很多负面的因素。所以,作为科学家,你怎么看待这些问题,谢谢。

【刘碧录】这个问题太大了,我只说一点点我的个人看法。首先就是蓝光 LED 的开发导致少建了 11 座核电站,大约在 2014 年,那时候我还在美国,中村修二教授去我所在的南加州大学演讲,这是他 PPT 里面的原话。中村修二是日裔,我们知道福岛核电站泄漏这个事故,是近些年来除了苏联那个事件之外最大的一个核泄漏事件,所以从日本的角度来讲,肯定比较关注这个事情。至于核电站安不安全,现在还有很多争论,有的人说特别不安全,有的人说完全没问题。包括一些欧洲的国家,比如说英国、法国,它们对核电站的态度就很不一样,有的认为把建好的赶紧拆了,太危险了;有的认为太安全了,赶紧建设。至于说未来安不安全,需要非常专业的人士去做全方位的评估。此外,是否建设核电站,除了安全因素外,还需要考虑很多其他的因素,如成本、环境、政治、国家政策、国际形势等,不是简单的技术问题。

至于你刚才提到的 LED 的成本这个问题,比如说核电站,它提供的能源有可能很便宜,但它可能很危险;LED 比较贵,但是它安全。所以有时候,我们需要用一些成本、花一些金钱方面的代价去买一个比较安全的未来。也包括环境方面的考量。所以这可能是他们大力发展 LED 的一个原因,起码 LED 和白炽灯相比的话,它的效率、寿命等会提升很多。

高新企业创办的新思路

主讲人：顾立基

讲座时间：2018 年 3 月 10 日

讲座地点：深圳大学城图书馆四楼 413 报告厅

主讲人简介

顾立基，清华大学深圳研究生院特聘教授，中国平安保险（集团）股份有限公司监事会主席，湘电集团外部董事，深圳市昌红科技股份有限公司独立董事，博时基金独立董事，获得美国哈佛大学管理学院高级管理课程 AMP 证书，中国科技大学管理系 MNA 硕士学位，清华大学学士，曾担任招商局科技集团有限公司董事长、总经理，深圳市招商局科技投资有限公司董事长、总经理，中国科招高技术有限公司董事长，香港海通有限公司董事总经理，招商局蛇口工业区有限公司董事总经理，招商局集团有限公司董事，招商银行董事，中国平安保险公司副董事长，蛇口招商港务股份有限公司董事长、总经理，中国国际海运集装箱股份有限公司董事总经理等职。

主要内容

在纪念改革开放四十周年之际，在歌颂深圳三十多年巨大成就的同时，也要思考为什么深圳科技事业能如此发达？为什么深圳民营高新企业能如雨后春笋般不断冒尖？为什么深圳在中国城市群中实力排名不断超前？为什么深圳没有被边缘化？……嘉宾结合自己在深圳的亲身经历，在教学中获得的经验，以及深圳企业成功与失败的真实案例，从创业及创业教育的细分角度和大家共同探讨回答有关创新创业的问题。

深圳科技立市三十多年，如今科技企业林立，民营高新企业如雨后春笋般不断冒尖,创业环境十分优秀,但初创企业失败的概率仍然非常大。现在创业能不能避免死亡陷阱?今天我们将梳理深圳发展的历史和创业环境的变迁,探讨一些高新企业创办的新思路和新想法。

一、深圳发展的历史和经验

20 世纪八九十年代,深圳先后提出港口立市、金融立市、科技立市和文化立市,确立了城市发展轨迹,现如今以上四条已经是深圳的四大支柱,这体现了当时市领导的远见卓识。20 世纪 90 年代提出科技立市,市委和市领导主动把清华、北大和一系列的大学引进来,也就是把人才引进和聚集进来,昔日的荒地现在已经变成了发达繁忙的科技园南区。

蛇口工业区发展比较早,1979 年 1 月 31 日,时任国家副主席李先念在招商局常务副董事长袁庚带的一张地图上画了一个圈。所以蛇口工业区办得比较早,按出口加工区的形式坚持“三个为主、五不引进”,还办了港口,并且引进了很多企业。很多深圳其他的集团也想学习,其中港中旅投资了华侨城,但都非常艰难,往往需要通过转型来取得成功,这也是一个区域的开发步骤和规律。

对每个工科学生来说,必须有一个商业的基本训练。比如印度裔,很多世界 500 强企业的高管是印度裔,越来越多的印度裔也开始担任欧美知名商学院的院长,是什么原因?因为印度非常重视 MBA 的教育,完整地对理工科学生的商业精神进行了培养,美国商业界的 CEO,很多都来自于印度。而清华一直叫作工程师的摇篮,哈工大也主要是工科院校,非常重视工科方面的发展,但是以前并没有这种训练课程,前任清华大学深圳研究生院的常务副院长林功实教授非常有远见,率先在深圳开了类似的课程:即“高新企业创办与管理”。这门课是当时国内第一个最接近 MBA 的课程。

二、创业企业发展的一般规律

(一)创业者思维

身处创业大环境十分优越的时代和城市,我们应该如何创业?创业者思维和深谙企业的发展规律是两个必要条件。理工科学生非常有必要去学点文、学点史、学点管理、学一点文化相关的内容,会使大家的思维能力得到很大提高。专业能力越强的人,越应该学一些思考人生和世界的方法。科技界的创业大咖们在演讲中经常讲五六十年后的事情,很多都是人类发展过程中的问题,好像根本与创业没有什么关系,但我觉得关系非常大。2017 年下半年到 2018 年最热的创业浪潮实际是人工智能,在座的应该有很多人是研究人工智能的,人工智能对人类影响非常大。这些对我们的创业方向有什么影响?

我们在创业的时候,不能只从自己的点去思考如何创业,因为这个时代发展得这么快,会把前期所有的想法全部推倒,所以我们创业的项目应该是从原点来做,也就是从最好的结点来做。以人工智能为例,它和人类如何共存?如何推动人类社会向前发展?这一点如果没有想清楚,你的创业就只能是短期行为,也就是为了创业而创业。所以我希望各位把时间拉长,把自己的视角放大,但是着手点可能要放得更小、更细一点,我起了一个很有趣的名字——创业量子。

(二)企业发展的一般规律

这是非常有趣的一张图(图 1),如果 A 选项是你有 100% 的概率得到 100 万元,B 选项是有 50% 的概率得到 1 亿元,但另外 50% 是拿不到钱,你会选哪个?A 和 B 选项都是对的,但这恰恰是创业与其他工作的差别所在。创业是为了什么?不一定是为了 100 万元,也不一定是为了 1 亿元,创业的目的是为了自己有做 A、B 选择的机会。中国现在有十几亿人口,竞争十分激烈,在这种情况下,要想让自己的生命发挥更大的价值,就要有选择的机会,所以创业成了一种创造选择机会的重要方式。而要想获得这个选择机会,就要熟知一些规律性的东西,图 2 是一个企业发展的路线,也是美国人 20 世纪 60 年代提出的 S 曲线,说明了企业在不同发展时期的状态。

在深圳有一个企业有比较明显的下降曲线——深圳交易所上市的股票第一号即深圳发展银行,大家都知道招商银行,招商银行成立的时候规模是深圳发展银行的 1/3,等到平安集团收购深圳发展银行的时候,它是招商银行的 1/3。这么多年深圳发展银行一直没有发展,一直在落后,这就很典型地代表了下降的曲线。深圳发展银行原来的行长是清华经管学院毕业的校友周林,前期做得相当不错,那是什么原因导致深圳发展银行得到如此后果?

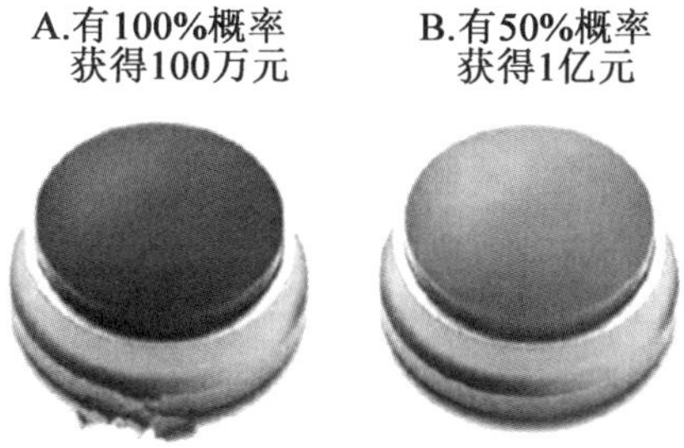

图 1　选择的机会

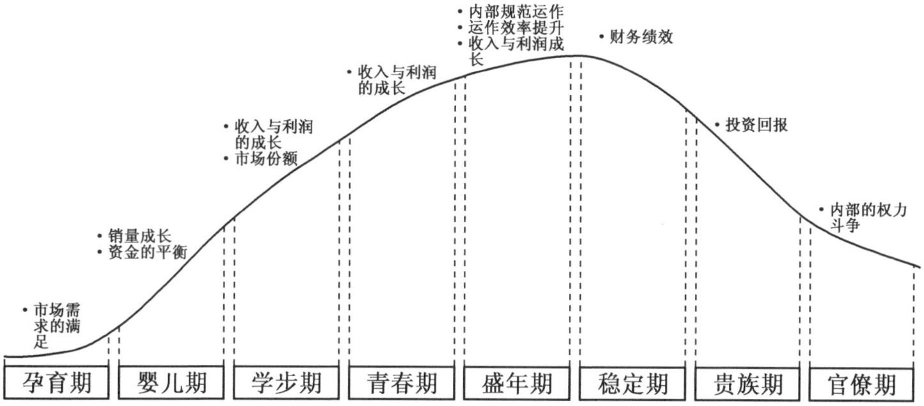

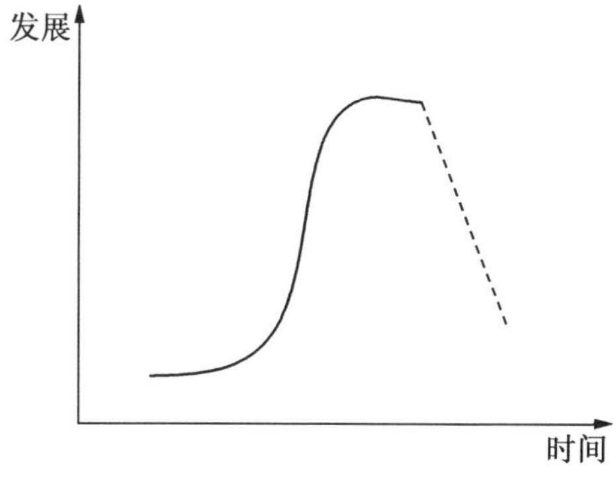

图 2　企业发展规律 S 曲线

当时市政府认为市属国资来控股深圳发展银行的机制不适合深圳金融立市的理念,所以打算引进国际先进管理理念,这引起了很多深圳的民营和国有企业的兴趣,而新桥资本在韩国金融风暴过程中起到了很好的作用,最终凭借以往良好的业绩被深圳政府金融办所选中。新桥既有业绩,又是外资的PE基金,但是并没有把深圳发展银行发展好,错在什么地方?这跟中国的国情关系不大,主要原因是其PE基金的本质,PE基金和VC基金是一样的,本质是做企业的贸易,以较低的价格买入,以较高的价格卖出。新桥在主持深圳发展银行的时候本身没有错,但是其跟深圳市政府的金融立市的理念是完全相悖的,有很多机会可以增加网点,它不用;有很多机会可以开展很多其他的业务,它不做;它唯一做的事,就是做好财务报表然后卖掉,其中赚了不知道多少倍的钱。

这说明在时代变迁中政府工作人员必须具备相关的素质,如果金融办的同事和领导意识到深圳市要金融立市,而当时深圳市最拿得出来的、总部在深圳的就两家,一家是深圳发展银行,一家是招商银行。而新桥资本肯定是要走的,这是基金的规律,而长期持有就没有这个规律。当时是中国金融快速发展的时候,银行规模化发展,短期并不在乎财务报表,新开设分行需要投入,费用较多,当期的利润不好看,但是长期的利润会越来越好。但新桥按PE规律要卖出好价格,在基金持有期限内财务报表必须好看,所以就不会在意建分行和扩大规模,也不会管基金未来退出后深圳发展银行会怎么样。

在如今的高科技企业发展中,企业死亡的原因多种多样,速度也越来越快,如果把以前比喻成温水煮青蛙,那么现在基本上用激光秒杀,一点反应的时间都没有。这是一个死亡陷阱,绝大多数学生创业都处在这个阶段。还有一个更大的死亡陷阱,就是如何转型。不仅是企业发展,城市的发展、技术的发展甚至国家的发展都会遇到,国家下一步要转型,就是为了跨越这个死亡陷阱。这个死亡陷阱怎么去跨越?不是在原来的路线上发展,而是画一条新的曲线发展,转移到另外一条曲线上去,也就是转型升级(图3)。

以中国国际海运集装箱(集团)股份有限公司(简称"中集集团")为例,深圳中集集团原来是设计制作干货箱的企业,从干货箱做到冷藏箱又做到多功能箱,后来做运集装箱的重型卡车,然后又发展到化工天然气压力容器存储运输设备,到最近宣传最多的深海重工,它的发展过程充满着转型升级,这才保证了企业的长期稳定发展。

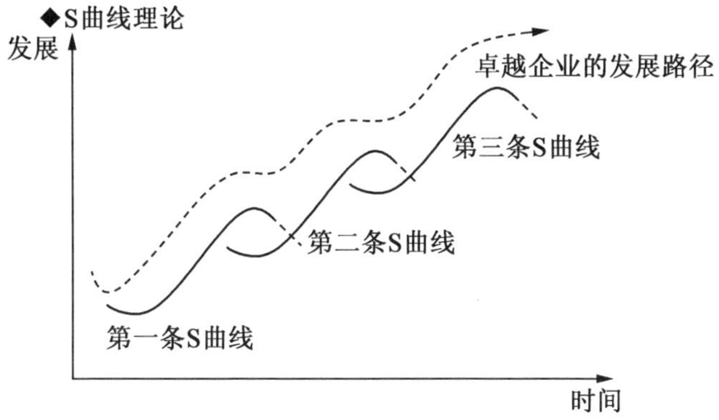

图3　跨越S曲线

(三)创业量子与方法论

深圳很多年轻企业都有自己一些独特的地方,我们希望它们发展技术,因为在未来的发展中,技术的重要性日益凸显。人工智能的创业开启了一个阶段——教授和研究者真正踏上了创业第一线,而只有研究者才能做人工智能公司的CEO。作为技术人员,在创业时要从第一条曲线开始思考,有关发展之后第二条曲线的思考我们称之为比较幸福的烦恼。现在很多年轻人创业经常犯一个错误——在第一条曲线上畅想第三条曲线上的商业模式。我们在创业初期,要做的第一件事不是想未来能做到多大,而是想第一条曲线应该做什么。

所以企业创业需要一个创业起点,这里面涉及第一性原理,就是用物理学基本定律解决问题。想要寻找创业起点的位置,就要寻找一个平衡点。即使获得种子基金,也未必能被真正的商业社会所认可。在这里我们取的名字叫创业量子,也叫作创新结构,里面包括三个内容:

第一个内容不是技术本身,而是有一个真正要解决的问题。学生认为发表高水平文章所需要列出的问题才是问题,但在真正的商业中,市场需要解决的问题、老百姓需要解决的问题才叫问题,跟毕业或者写文章需要的内容完全不一样。科学和技术不是一码事,技术和工程也不是一码事,所以第一个内容需要解决真正的问题。第二个内容是做一个基础性的产品,能够满足你解决第一个内容里的问题的一个方面。第三个内容是还要做一个小小的市场去验证它。产品不仅可以解决问题,而且用户还愿意用它,这是一个双向的东西。这三者就组成了创新结构,如果把三者都做到,就有希望奔着天使轮或者A轮去努力融资。这半年多来,我们在清华主要努力的方向就是让所有搞技术的人先把这三个内容都做完。我以清华i-Space发展的一个项目为例子,该项目做定位器,主要想解决女性出行安全的问题,在去年高交会上发布了它的产品——"护花使者"。现在定位器有很多,根据GPS做定位,还有AGPS和其他相关的定位,所以技术并没有大的突破。这个产品提供的是女孩子安全报警的功能,手机和儿童手表都可以做到,但是传统手段非常常见,劫匪自然也知道避免。所以这种产品要做到的是想报告就报告,不想报告就不报告,报告给想报告的人,并且报告后随时知道。这才是找到了真正的问题,产品可以做成各种形状,让人看不出是一个电子产品,但是上面有一个键,如果长摁三秒钟,它就连续发10个短信给你预先设定好的人。这个产品技术不难,但是却可以卖得很贵很贵。

虽然我们要从技术出发,因为技术能力是产品的根本保证,但对于初创企业的产品,技术本身并不是一个最核心的要素。创业首先得有一个要解决的问题,并且要真正解决这个问题,也就是一个最小创新结构,然后往下延伸,现在很多大企业也在用这样的思路。

创业需要一套完整的方法论,它来自于PDCA(戴明环)、SQL(结构化查询语言),这是很多人的思考结晶。第一步是建模型,对于想解决的问题建一个模型,然后把现有的模型拿出来做分解。理工科学生最擅长的东西是做工程化分解,我们科研的问题都可以用两个词来解决——分类和定义。定义就是一个模型,然后再做分类,把定义下面所有东西做一个分类,定义本身是一个大分类,把定义里的和定义外的分开,一个定义内的东西再进行分解和分类,这就是工程化的分解。

工程化分解之后,需要为每一个分解完的结果,逐块找提升空间,不是每一块都需要找到巨大的提升空间,但是至少找到一块乃至两三块的提升空间,没有提升空间,甚至没有巨大提升空间的解决方案,市场上不见得容易实践。在做初创项目的时候,小小的创新比较不容易被市场所接受,不容易被投资人所接受。从我接触过的天使创投来看,投资人的眼光、需求和对综合实力的要求都在变高。

最后一步,大家要自己高效去执行,在学校里面的好处就是,学校有实验室、老师,提供钱和场地的支持,希望你们把产品尽快做成。但这个过程仍然很难,我说的护花使者那个小小的定位器,做了大半年的时间才最终成型,所以真正做出来还是不容易的。虽然在深圳是最容易做硬件产品的,但是做硬件产品还是很难。

所以对于怎么样启动创业,简单来说,一是问题,二是产品,三是市场验证。可以做小,也可以做很大,每一个大公司都在做。小米所有的产品都是这样去设计的,从小米的手机,到它的路由器、电视、毛巾以及净化器,比如小米的净化器是挖了某大学的副校长,把每一个部件重新设计、重新提升,做一个市场,然后拿到咖啡馆去验证,市场反响非常好。

我在研究商业模式时,曾设想未来的状态,未来在整个产业中创业者处于什么状态?创业者跟相关者处于什么样的交易之中?商业模式本身是一种状态,它并不是一个过程,达成了叫达成,没达成叫没达成,中间是一个跃迁的过程。有一个最小的结构才能够去设计商业模式,然后从一种状态跃迁到另外一种商业模式的状态,一个商业模式可以容纳好多个不同的结构,例如中集集团有无数产品,进入了很多产业,所以就有无数的状态和小结构。

(四)问题、产品、市场的方法论

在创业启动的最小创新结构中,问题、产品和市场都具有其对应的方法论。通常用“四点分析法”去分解需求:通过接触用户,发现用户的难点和能够创业的点,全用户周期做用户触点分析;对所有触点用户做用户体验分析,找到具备强技术和强情感的痛点;对所有的痛点做资源能力分析,找到自己的创点;对预定的创点做痒点和爽点分析,找到可能的爆点。痒点是吸引力不像爽点那么高、但会持续出现的点,爽点是偶尔出现、但接触感觉会非常好的点。创业时要完整地分析用户需求,针对不同的点做不同的事。如果你只有爽点,说明你有强需求,但你的企业不会发展很快,需要加上一些痒点,并不停地接触它。有一些企业的产品非常好。比如说杜蕾斯,它是一个刚需。它经常会发一些软文,很多人会跟它做一些互动,喜欢它发的软文。有时候会有一些热点性的问题,突然就引爆整个朋友圈或者微博,这就是爽点性的东西。这时候我们如何运营是一个大问题,包括我们如何建模、如何分解、怎样做定义以及怎样设计发展阶段,这方面大家可以参考一下蘑菇街的做法。

对于产品的方法论,我分享一些原创的看法。任何一款产品不只有一个功能,当你把一个技术变成一款产品以后,这个产品就有很多功能,核心点是你技术本身需要打造哪些功能,周边会有哪些问题、哪些功能,甚至有一些意想不到的应用。任何用户都不是只有单一的需求,而是有一系列的需求,产品功能范围与用户需求很难完美匹配,既有涵盖的部分,又有涵盖不上的部分。像腾讯、微博这样的大公司,产品功能范围大,往往能够顺带涵盖很多用户的需求。当然也有一些小公司,不能涵盖用户的全部需求,只能对部分需求进行精准满足,也可以获得一定市场。

产品的失焦效应也是需要考虑的一个问题,用户不同时期的需求有所不同,也就给我们的创业增加了新的难度。产品要不停地做迭代,在当前的社会下创业,如果产品不能做迭代,那么很难拥有太长的存活期。所以现在创业的难度不是在降低,而是逐渐在提高,而且提高的速度还在加快。

做产品的人、做市场的人还有用户之间会存在非常重要的思想偏差,所以市场验证是十分必要的,产品最重要的一个验证方式就叫精益创新。我认为精益创新本身这个理论不是解决产品需求的,它是解决验证问题的,是在用户需求和产品之间如何做迭代,是一个市场验证的过程,迭代的主要原因并不是产品做得好不好,不是技术完没完成,或者用户需求对不对,而是它们之间怎么做匹配。MVP是最小可行产品的一个思想,它是精益创新的思考,实际上是这样来回地做迭代的过程,做市场验证并不是一次到位的,一定是多次做的,是一个过程。所以精益创业本来就是一个市场验证的过程,思想很好、有执行性、可以学习,里面有一堆小工具在后面,值得尝试和参考。

三、高新技术创业的建议和清华的经验

(一)高新技术创业建议

国家大力号召创新创业,现在很多大学生会问我们当前是不是创业的最佳时机。我们的观点是不要急于创业,当具备创新思维,掌握创业基础知识,当产品具备创业的条件时再去创业。

同时,我们也鼓励很多人到企业创业,企业是一个很大的舞台,很多地方可以帮助你避免陷入死亡的陷阱,能够比较成功地创业。例如中集集团员工创业做了一个装快递件的柜子,做法简单而且很适合快递业务的需要,现在被蜂巢收购了,在企业和领导的协助下,创业者已经拿到了第一桶金。另外一个例子是现在非常热闹的区块链,区块链的一个很大的特点是去中心化,另一个特点是要讲诚信。为了保证区块链计算的诚信,它必须每加入一个数据要从头计算一遍,计算完了

以后才可以做下一个。所以区块链到一定规模计算的速度慢,很多人知道这个情况。有人想出一个办法,在区块链里面再搞一个中心化,与初衷反对中心化是矛盾的,这个问题可能十年后,量子计算机成熟的时候被解决。我个人认为,比特币有价值,区块链也有价值,但很多 ICO 现在绝对不能再做了。在移动互联网时代,对于选中的创业项目,要利用科学的方法认真分析,而不是进行一个粗糙的市场调研或 SWOT 分析,要结合创业结构理论走完一个小循环,这个产品或服务才可能有市场。

产品创业还存在很多不确定性,在很多情况下,创业得到了大量投资并不意味着能够成功,需要慎重地分析资源,考虑反对意见占多数时,是否能够坚持。比亚迪是一个典型的例子。比亚迪首先在香港上市,原来做电池,它转入做汽车的时候,在香港的股价一下子跌得非常厉害,但是到今天,在电动车这个市场,比亚迪已经拥有举足轻重的地位了。

从投资人的角度,不同人会看到不同的东西,学生创业,海归创业,国企的员工出来创业,民企的过来创业,农村里的孩子出来创业,投资人都有不同的关注点。1999 年开始我一直在投资,2008 年退休后还干了两年。投资者是什么情况,他们怎么思考的,都是创业者需要考虑的问题。

我在科技集团接触到了生物可降解塑料在深圳的一个项目,已有投资公司投了,希望我们也跟随投资。美国留学的创业者回国创业,他的老师已经成立了一个上市公司,但是发展不好,所以想到中国来发展。投资人有什么要注意的?投资人最关注的是知识产权,从老师实验室过来,生物医药的产品,如果把最原始的物料滴一滴在袖子上,提取出来很容易泄密。国外对知识产权,一般对创业者是这样的,你小的时候没人理你,等你做大了他就开始告你,所以从投资者的角度来说,与其面临这种风险,索性现在就不进行投资。

另一个案例是深圳的上市公司——南玻。南玻的总经理叫曾南,原来是招商系统下发展公司的一员,他引进了广东最大的中外合资项目——浮法玻璃企业,却没有成为中方总经理,而是负责了浮法玻璃内销的部门。当时在深圳特区的企业生产要求产销都靠外部解决,对内销卡得很严,包括在深圳经济特区使用也要得到许可。他建议董事会按浮法玻璃的股东重构,成立南玻,最后做得非常好,有好几条浮法玻璃生产线,而且他的压电玻璃、陶瓷都走在科技最前沿,与此同时广东浮法玻璃公司却已经不行了。所以当资本市场不利于一个企业的时候,实际上是对事业非常大的侵害,所以我们非常支持中央加强金融监管的一系列措施和办法,这些措施和办法保证实业能够合理地获得资金,而且资本成本不会太高,能够合理正确地对待每一个股东。

万科之争里面,恒大高位进去,亏了几百亿,又退出来了,恒大做得非常漂亮,它知道怎么样在中国做企业,深圳市政府为了鼓励它这种明智的行为,给了很多支持。恒大今年又发展到了一个新的高度,这是新的案例。所以有很多很多案例,如在企业长大的时候怎么处置?或者做金融的时候怎么对待实业?都是有借鉴意义的。

回到刚才的话题,不要轻易创业,要创业必须先具备创新思维,需要掌握创业的基础知识,或者去大公司内部创业,或者走职业经理人的道路。对已经创业的同事来说,如果发展比较顺利,可以补上 MBA 的课程。中国平安能发展到今天,就与核心人物不断学习有关,马明哲在创业初期,董事会认为他还要加强学习,于是他在繁忙工作中硬挤时间去刻苦学习,拿到了金融学博士学位,非常艰辛。在这种情况下,可以把你的创业停一段时间,找一个合适的大公司,然后再倒过来创业,因为对我们年轻人,特别是年轻学生来说,这个时间是熬不起的。这个东西有希望,你才要坚持,很多真正好的科技项目,需要坚持八年、十年,甚至更长时间。

(二)清华创业课程

深圳的创业环境非常好,那么什么时候创业?一些大学生顾虑学业想退学创业,这是极个别现象。现在宣传比较多的,就是这些典型的例子,这种典型的例子不具有普遍性,但是从另一个方面来说,不管你创业不创业,不管你是当教授还是当公务员,还是到工厂里去,这些知识是你必须具备的。为什么硅谷顶尖科技公司的 CEO 有很多印度裔,这和他们的语言、公关能力有关,但最主要的是他们有一整套的管理知识。清华开设的“高新企业创办与管理”这门 32 学时的课能简单起到这个作用,要特别感谢林功实教授,2004 年他邀请了中国改革开放功臣、招商局的第 29 代掌门人——袁庚先生,在清华紫荆讲堂给我们演讲,并且给我们题词。

“高新企业创办与管理”这门课主要是针对理工科的学生设计的,讲如何拿到一个技术,并用来创业。这门课从 2004 年开课,开始时讲营销学,后来讲风险投资策略,是为了让大家能建立起一个创业最基础的知识架构。总体概论分两方面,一是创办,二是管理。学生跟企业家之间的距离非常大,一是经验,二是能力,更重要的一点,是创业起点的巨大差距。清华大学深圳研究生院有一系列教育孵化平台及鼓励创业的资金，我们也发起了一个种子基金，都可以起到初步推动的作用。由清华大学深圳研究生院与南山区科技创新局合作共建而成的清华 i - Space，整合了创新创业的大量资源，为清华在校学生提供了专业的创业辅导和支持。

在清华，我们非常希望工科学生具备创新的思维，能够挖掘可产业化的项目，看一下身边课题组、实验室有没有可产业化的项目。我们并不关注管理和创业相关理论性的问题，我们关注如何去做。我基本上都不用去怀疑清华学生的专业能力，但可能会出现产品做得比较扎实、商业上却很浮躁的问题。“高新企业创办与管理”课程中，我们把所有学生的项目统筹起来，成立一个创业英才班，把这些创业的学生拉过去一起辅导和比赛，并且每年都能在深圳和全国性的创业比赛中有所斩获。这也算清华的一个经验吧。

提问环节

【主持人】谢谢老师精彩的分享，内容非常丰富，而且都很实用，相信我们校内观众和校外观众都能受益匪浅。现在就进入我们的互动阶段，大家如果有什么问题，比如说刚才讲到的内容，你有哪些点不清楚，或者是想深入了解的，可以举手向我们示意，我们的义工同学会给你传递话筒。

【观众】我是校外的，看到大学城图书馆公众号，说这里有讲座，我就跑来了。问题就是刚才您说的选择问题，要 100 万还是 1 个亿，您这个东西只是作为讲座可以，但是没有实际意义，请您做下解答，谢谢。

【特邀嘉宾张广】好吧，你要说它没有意义我也认了，但是这里我给大家举一个例子。我拿我自己来举例，我会面临有一些钱要落袋，或是未来我可能会发展得很好的选择机会。当然了，未来成功的概率说 50% 已经非常高了，其实很有可能那个阶段创业成功的概率只有 20%、30%，或者是 10%。我在那个情况下是选落袋为安，还是选继续我的奋斗，即面临着这样两个选择。当然，硅谷里面有很多类似的传奇故事，我们就不讲了。

【顾立基】我解释一下张老师的案例，我们鼓励那些有创业素质的人去创业，主要是这个原因。不是所有人都适合创业，我们有很多心理知识和方法，可以告诉你，你是适合创业，适合做教授，还是适合做公务员，现在 HR 这方面很发达。

【观众】感谢两位老师的分享，我想问一下顾老师，国家提倡发展电动汽车行业很多年，也投入了很多资金、人力，但好像并没有完全发展起来。一开始我们定义的不是一个朝阳行业，但是现在有越来越多的公司进去，一些恶性竞争，或者低成本的竞争已经出现了，我认为现在已经开始向夕阳转变了，我想问一下顾老师，对这个行业的发展有一个怎样的理解？谢谢。

【特邀嘉宾张广】电动汽车实际上是这样子的，现在新技术仍然层出不穷，我们清华深圳研究生院院长康飞宇老师做的就是新材料、新能源这方面，而且现在仍然有一堆有了钱的成功创业者，前仆后继地进入电动汽车这个行业里面，所以这个行业离夕阳还早。不只是中国，全世界未来成功的创业者都要选择新的创业方向，并且基本都选择大行业。因为小行业已经容不下他们了，而剩下的大行业之一就是汽车。没有比电动汽车更好的以大众出行为主要方向的创业项目了。全世界所有的传统汽车厂商和以特斯拉、蔚来、奇点这样一些汽车为主的厂商，包括刚才顾老师讲的比亚迪，都扎进了这个领域，因为这个领域足够大，能够同时容纳得起几家大企业。

为什么说无人机市场，你现在做不了了，因为在民用的玩具类无人机市场，大疆现在已经是百分之七八十的市场占有率，没有人再投了。2015 年左右，有一堆公司投，包括南山智园里，我见过的就十几家做无人机的，后来几乎全失败了，但无人机市场本身依然在发展壮大，农业用、专业用，包括电力巡查，这些专业领域还在做，但是没有哪个市场比汽车更大。当然新技术还没有做完，所以这几个角度结合在一起，汽车市场我是非常看好的，但是年轻的创业者不应该去做，也做不起。

【观众】我是清华大学校内的，现在在王小浩教授团队，主要负责小浩老师这边的一些产业化工作，还有一个 i－Space，现在在宝安有 1 000 平方米的地方，还有一个团队。我就问一个问题，小浩老师有好几个方向，放到我这个创业项目里面来，我想问一下张老师，您更倾向于做一个方向还是在几个方向里面一起做？

【特邀嘉宾张广】这是一个很有趣的话题，一些公司也面临同样的问题，是从一个角度扎进去，还是在几个角度同时开展。但是首先要考虑的因素，就是你的资源。比如你的人才资源够不够，每一个项目，特别倾向于由一个人来负责。如果你没有这种专门的负责人，投资人也负责不了。我们那边有一个老师自己做一个创业项目,一开始做得很大,里面包含三个小方向的创业项目,最后我们都叫停了。你自己一个年轻的老师,虽然带几个学生,但是在工作压力那么大的情况下,怎么可能做三个方向,并同时做下去呢？所以你最好做一个,这是人才资源。第二个就是你的社会资源,第三个当然就是你的专业方向判断,我倾向于做一个,基本上都倾向于做一个,把一个先做起来。

【顾立基】我同意您这个观点,但是又不完全同意,如果您是教授,教授一直在不断地科研,不断地做项目,这个成了,那个可能不成,所以我们要求教授去招一些具有组织能力的工科学生。不要按你原来招生的办法,考查他技术怎么样,如果能够领会你的技术,就多开展几个项目。但是前提是那个学生够聪明,能够非常快地帮助你把这个项目产业化,而不需要你亲力亲为,这是第一个。

第二个,作为教授,你应该当首席科学家,而不应该当董事长,更不应该当总经理。就算当董事长,也要让你的学生做 CEO。

我再补充一点,现在我们学硅谷创业,就像张老师刚才说的那样,那里的商业模式创新比较多,而美国东部地区,包括从纽约开始,一直到波士顿的那个地区,原来叫 128 公路周围,现在延伸得更多,那里有很多科技创新企业。科技创新需要有眼光的直接投资者,这些投资者不应该急于求成,投了一次不行就不投了,他们可能坚持三年、五年,甚至七年、八年,在最困难的时候照样坚持投资。投资者找创业团队,一个是发明者,另一个是有成就的企业家,这个企业家最好是干过几个上市公司的创业团队成员。当然,创业者不等于企业家,如果你有梦想,这是最佳结构。

回答你刚才的问题,如果你有足够的精力,你的学生又足够聪明,你又招到很多适合的学生当下面的 CEO,就可以同时开展几个项目,一个导师可以带好几个博士,你就像带你的博士一样带着他,这是非常非常有意义的。

【特邀嘉宾张广】我稍微补充两句,第一句话,大学教授创业的最大障碍是大学教授自己。第二个大家一定要量力而行,我完全赞成顾老师的观点,但是一定要量力而行,要依据商业模式,而不是依据科研模式。

【观众】谢谢老师,我想问一下张教授,您刚才说的企业成长 S 曲线这个理论,一共有两条曲线,第一条是往上升的,第二条先是一个 S,后来从下面一点,再有一个 S,这个到底是什么意思？能详细解释一下吗？谢谢。

【特邀嘉宾张广】这是一个非常长的东西，这个理论已经很成熟了，有几本很重要的书，回头我发给你。你可以查一本书，叫《跨越S曲线》，你可以看一下，还有一本书叫《寻找第二S曲线》。

基本的理论，横轴就是时间，纵轴就是企业的成长标志、指标，包括技术的扩散度，还有社会发展，你按GDP算也可以，还有企业的营业额、利润、公司的市场占有率，基本是这样的一个类似规律，这是一个社会学的规律。我们拿回来在商业管理上也经常用。

你刚才说的第二个问题是为什么从新的做起，我的意思很简单，不是从它原来的发展规律中找到它延长增长，或者保持不消亡的路线，而是我们要从一个新的起点开始，做一套新的东西。所以我们经常说，不是升级，而是转型，升级永远是临时的，转型才是长期的。IBM无论怎么样去延伸它的PC也延伸不好，所以它宁可抛弃掉，转型做企业服务。"谁说大象不能跳舞"的含义是，大象原来是做这个的，跳舞的意思是寻找一种新的生活方式。我可能还是大象，但我是一头会跳舞的大象，这就是一个新物种了，在商业上我们是这样的讲法，谢谢。

【观众】感谢两位老师的精彩分享，我是来自于校外的，想向两位老师请教关于人工智能的问题。人工智能目前是大家讨论比较多，而且比较热的方向，这个方面太大。而且我们看到了现在社会上有很多人工智能的产品，各种各样的项目赛道。两位老师能否给我们提供一些新的赛道。

【特邀嘉宾张广】我没有听到任何一个人说过人工智能的赛道已经占满了，刚刚一年多就满了，我觉得这个满得也太快了。最关键的一个问题，人工智能本身是一个颠覆性的技术，这个技术是会改变的，包括刚才顾老师讲的区块链，它是种颠覆性、基础性的技术，我们现在还不知道它未来能解决什么。

我举一个最简单的人工智能的例子，我们有一个校友企业，他年前搬到我们i-Space那儿去了。他是做视频会议的。他为什么要进入这个领域，是一个很长的故事，他跟我讲了半天，我以为是要消亡的行业，但是他觉得方兴未艾。

还有一种人工智能，比如我们现在做讲座，要拿一个话筒，讲三个小时，很累，能不能做到我不用拿话筒。还有一种话筒是挂在衣服上的，效果也不是特别好。如果我不用话筒，就站这里随便讲，能不能在一个庞大的、500人的讲厅，让声音随时能够达到整个讲厅。他说很容易能做到，在上面做一个场麦，放四个或六个阵列麦克风，就能随时通过人工智能的技术，定位我站的位置，然后把我的声音频率识别出来，排除掉所有的噪声。

区块链技术也是如此，刚才顾老师讲了一些理论性的、基础性的算法问题，区块链本身，我们那个学生说区块链叫下一代的互联网。我听完之后吓了一跳，互联网这个东西太重要了，他怎么能说区块链是下一代的互联网？我就专门看书研究半天，最终的结果我肯定是看不懂，我只能说科普。但是我感觉到以后我们生活中所有的产品都可以有区块链相关技术的嵌入。我们北大有一个老师介绍了一个学生的创业项目，他们给你一个硬盘，比如那个硬盘有 1 个 TB，他们的目标是以后有多少个 TB 的东西都可以放到硬盘里面，因为里面都加了区块链的东西，存进去的所有照片、视频会在互联网上面存一遍，所以硬盘坏了也没有关系，第一硬盘上的东西不是完全属于你的，第二存储的东西也不是完全在硬盘上。所以即便这样一个互联网硬盘上的东西，也有区块链技术嵌入，包括现在最常用的，大家认为一定能用到区块链的，就是所有的视频相关安全问题。不要求那么快的速度，只要 15 秒内能反应过来就没问题。

现在咱们用区块链做支付，最大的问题就是你需要 15 秒左右的反应时间，所以这个东西也在嵌入。我们说使用的场景远远没有解决，所以我认为刚才顾老师说的应用层面，你刚才说的人工智能，顾老师说的区块链，这些技术远远没有到满的程度，只不过人家做了，你觉得他做成了，有前景，也要去做，这种思路是没有前途的。其实你去哪个赛道都是满的，而且你会发现别人都比你做得强，因为你是后进入者。所以后进入者一般会进一个不同的领域，即我们所说的小蓝海里面去了。

【观众】您有没有对小蓝海的建议？

【特邀嘉宾张广】我既不懂人工智能，也不懂区块链。我自己努力看书，发现我能看懂的很少，再深的我看不懂。你要让我去研讨，我可以去探讨，你懂人工智能，我懂一点商业相关的东西，我们俩一起去判断。但你问我具体建议，我没有。我现在要想创业，不会做你们说的这些东西，我会做别的东西。我只能做我懂的东西，如果你们用懂的东西来创业，我可以帮你去判断。所以学校里面，所有的创意和它的技术背景，不是顾老师提的，也不是我提的。谁提的？学生自己提的。我们来做什么？第一，我们判断这个是不是一个好方向；第二，我们给你一个发展的建议;第三,你要真做的时候,我们给你找一些资源做支持。所以我给不了你建议,但是我可以判断出你的想法是否可行。

【顾立基】我同意张老师刚才说的。现在“得到”里面有一个叫“全球创新260讲”的课程,一年200块,你去订购,他经常会提一些观点。对于我们来说,我和张老师一样,我们不能什么都知道,对互联网这方面,我们还在普及,谢谢你的问题。

【特邀嘉宾张广】最后补充一个建议,刚才接着顾老师说的这个“得到”,有混沌大学、沙丘大学,还有量子大学、樊登读书会,这些互联网的学习方式,从2015年开始,2016年盛行。互联网知识获取方式非常多,中国的几个大学,包括清华学堂的学堂在线,里面有一系列的方法和知识,我建议大家努力地去学习。我现在主要听的是混沌大学,已经快听完了,下一步可能就去听樊登读书会的一些内容,这样学完之后会得到一些想法。谢谢大家。

【主持人】好的,谢谢各位观众的积极参与和老师的耐心解答。因为我们的时间有限,所以今天的互动环节到这里就结束了,非常感谢两位老师。

大数据与人工智能

主讲人：王轩

讲座时间：2018年4月21日

讲座地点：深圳大学城图书馆四楼413报告厅

主讲人简介

王轩，博士，教授，博士生导师。微软拼音(Microsoft PY)的主要设计者之一。1998年至2003年在美国微软、硅谷从事软件研发工作。2003年4月回国，现就职于哈尔滨工业大学(深圳)，从事教学与科研工作，任计算机科学与技术学院院长，计算机应用研究中心主任，是中国人工智能学会常务理事，中国人工智能学会青工委主任，中国计算机学会(CCF)高级会员，CCF深圳主席，广东省人工智能与机器人学会监事长，深圳市计算机学会理事长，深圳市人工智能学会副理事长，哈工大－中兴互联网技术研究中心主任，教育部－微软语言语音重点实验室(深圳)主任，哈工大－腾讯联合实验室副主任。长期从事网络多媒体信息处理、人工智能方面的研究。承担或参加多项国家重点项目、广东省科技计划项目、广东省产学研项目40余项，获教育部二等奖(2008年度)、航天部二等奖(1998年度)、深圳市科技创新奖(2008年度)各一项。获得国家发明专利二十余项，发表学术论文150余篇，其中80多篇进入SCI检索。

主要内容

随着新一代信息技术的快速发展，计算机的数据处理能力得到了大幅提升，大数据的价值得以展现。随着智能终端和传感器的迅速普及，海量数据快速累积，基于大数据的人工智能也因此获得了持续快速发展。本讲座介绍人工智能的缘起以及大数据分析技术在社交媒体、电子商务、智慧城市、智慧医疗等方面的应用,分析大数据处理技术和人工智能技术的关系,以及现阶段人工智能技术的现状与发展趋势。

今天探讨的主题是大数据与人工智能,希望大家听完讲座之后能够了解大数据的缘起,大数据分析技术在社交媒体、电子商务、智慧城市、智慧医疗等方面的应用,以及大数据处理技术和人工智能的关系。

一、大数据的缘起

1. 大数据的度量

在网络上我们经常看到一些报道说小孩上网太多不利于成长。网上有些不良内容传播渠道很多,传播速度非常快。智能手机以及以微信为代表的智能软硬件系统的大规模普及都是信息快速、广泛传播的原因。新闻炒作的目的之一就是通过小概率事件的炒作获得巨大的信息流量和关注度。小概率事件会引起较大的关注度,在平常的媒体报道或者实际生活中不常见的内容,通过网络的炒作和传播,瞬间或者短时间就能吸引大量用户的注意,因为这种事件信息量很大。

当然,很多事件本身也具备很大的新闻价值。有些事件的实际新闻价值并没有那么大,但是媒体需要有新的事件来进行炒作,炒作之后相关事件就有了商业价值。

生活中信息再产生信息,会产生大量的数据。这些信息都是可以被可视化的。都说大数据很大,有人说大数据是一个伪概念。为什么?它的内涵是什么?外延是什么?真正的定义是什么?这并没有一个明确的说法。但是具体来讲,我们需要建立度量大数据的方法。很多人用U盘、手机。通常计量信息的最小单位是比特(bit),大家都知道,1 Byte =8 bit,1 KB =1 024 Byte,1 MB =1 024 KB字节。往上面扩大还有GB、TB、PB、EB、ZB、VB等(图1)。那么它们的信息量到底是多少?以PB为例,1 PB相当于把全美的学术研究图书馆的藏书信息全部存储下来的量。5 EB就相当于至今全世界人类讲过的所有的话全部存储下来的量。现在大数据的研究者们用到的数据已经达到了TB、PB级别。

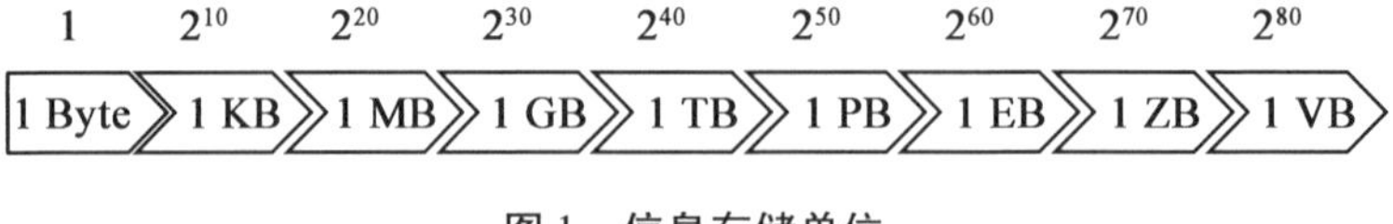

图1　信息存储单位

2. 生活被解析的大数据时代

大数据跟我们的日常生活息息相关,生活中的点滴都会通过数据存储和解析。比如你最近手头宽不宽裕,你可能会得高血压,两年后可能要买车,特别讨厌某个明星,是一个爱国的愤青,手机坏了想换新的,等等。大家经常会听到隐私泄露,实际上你在互联网上的很多行为,涉及生活、学习、工作的很多方面,都或多或少地泄露了你的隐私。这也是为什么 Facebook 公司会被美国国会质询是不是把用户隐私泄露了,是不是有可能会对大众造成伤害。

其实中国的隐私泄露问题也很严重。大家可以试一下,只要用几次相关的搜索引擎,就会被推送各种同类消息。假如你搜索几次换驾照的信息之后,你一上网它就给你推送相关信息,比如换驾照的流程,哪儿可以换驾照,怎么换驾照,等等,这其实会使你的搜索体验越来越不好。互联网需要推送什么消息给不同用户呢?这需要看推送的对象。例如对于老龄化的人群,给这类人群推送信息多是以养老、保健、医疗、健康为主。再比如说我们很多人,一天有可能接四五十个电话,可能有的老板得接 100 多个电话,有的可能是骚扰电话,一天的时间就被无限制地碎片化。针对这类人群,能充分利用碎片时间的休闲小游戏、小视频就能充分满足他们的娱乐需求。

未来我们希望网络推送信息要受一个准则约束,也就是使你的生活体验更好,而不是仅仅以使公司收益最高为优化标准。这样才会让老百姓慢慢切实体会到大数据带来的更多好处。作为大数据的运营公司,多考虑用户实际需要的,不强迫用户提交各种信息,切实做到保护用户的隐私,这样的网站或者 APP 在未来才会有前途。

二、大数据的探究

大数据使人类认识和改造物质世界的方式发生变化。思维以感知为基础,是认识过程的高级阶段。我们则通过思维达到对客观事物的本质属性、内部规律以及事物间联系的认知。

大家都会觉得最近提到数字化、信息化的场景太多了。为什么一定要信息化、数字化?信息科学的研究很多跟哲学有关,例如我们要处理这个物质世界的一些东西,那么什么是物质世界?从辩证唯物主义的角度讲,世界是物质的,物质是普遍联系的,物质是变化发展的。如何刻画物质或者物体?能不能刻画它们之间的关系?能不能刻画它们的发展变化?信息技术实际上要解决这些问题。

物质世界里面，物质之间的关系随着时间不断发生变化，我们人类也是一样。我们会对物质世界生成一个镜像，称之为意识世界。但是同样的物质世界产生的意识世界是不同的。我们每一个人的一生，都是一个独立的世界，和他人的世界存在关联却又各不相同。这是因为我们的感官是一样的，是相通的。但是人跟鸟就不行，鸟说鸟语，人听不懂。飞虫鸟兽，它们也有自己的意识世界，却又都来自于同一个物质世界。三个世界的关系如图 2 所示。

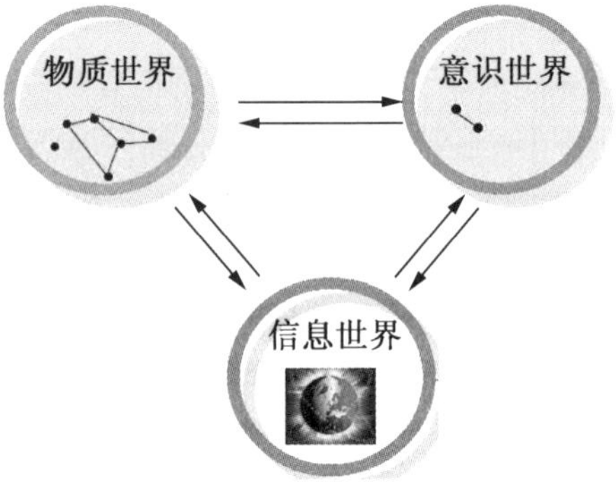

图 2　三个世界的关系

信息技术是对物质世界和意识世界进行编码，从而形成信息世界。学过计算机或者了解信息技术的人都知道，这通常是通过二进制编码实现的。其实其他的进制例如十六进制、二十四进制编码也可以实现。二进制的优点是最简单，所有信息都用 0 和 1 来刻画。0 和 1 最大的区别是差异性，可以刻画事物的两面。0 和 1 用最基本的变化，度量更大的变化。不同的物质、物体，都可以通过 0、1 进行编码、表达。大家都会说他叫张三，他叫李四，他们都有自己的身份证号。名字会重，身份证不会重，这就是编码的优势。

信息世界也能刻画普遍联系。联系有很多种，如朋友、夫妻、父子等等，不同的联系也可以用 0、1 去编码。也就是说，可以用 0、1 把物质世界里面的物质联系和状态变化全编码到信息世界里。同样我们的意识世界也可以编码映射到信息世界中。那么信息世界的意义何在？大家会发现，通过数字编码的信息空间，其信息存储更加方便，查找、处理速度更快，传输更为便捷。

三、大数据的应用

感受大数据，寻觅于万千生活。包括金融市场分析、消费者需求分析金融大数据;平安城市、智慧交通安防大数据;业务流程优化、供应链与配送路线安排业务大数据;身体健康检测、疾病风险预测医疗大数据;用电行为信息、构建智能电网电力大数据。

应用于很多领域:金融、安防、业务、医疗、电力、能源(图3)。中国要做大数据,在哪儿做?贵州。大家就会有疑问,怎么会在贵州做大数据,而不是在北京、上海、深圳或者内蒙古?首先我们要了解大数据是要干什么。第一个,大数据需要存储下来,大数据存储下来以后是数字化的,存储在机房里面。机房需要供电,而贵州的电费比较便宜。另外这个还与水质有关,要是水质特别差,有再好的IT设备也不行。还跟什么有关呢?气候、地质条件等等因素也同样重要,贵州的地质结构非常稳定,发生大规模地震的概率很小。还有一个层面,国家在推行新型政府。深圳治理得很好,它后面就是大数据智慧城市、智慧地球,这些后面的技术跟它有关,所以它要建立新型政府。比如说所有政府的电子资料,都有异地存储。

1. 视频大数据

大数据里面很大一部分是视频大数据。2010年的时候视频大数据占所有大数据的50%,2020年估计会占到44%。大家都对摄像头比较熟悉,天天被拍,比如在地铁上、高铁上、火车站里(图4)。一个人早上从家出来到晚上回去,基本上平均每天被拍照六七十次。

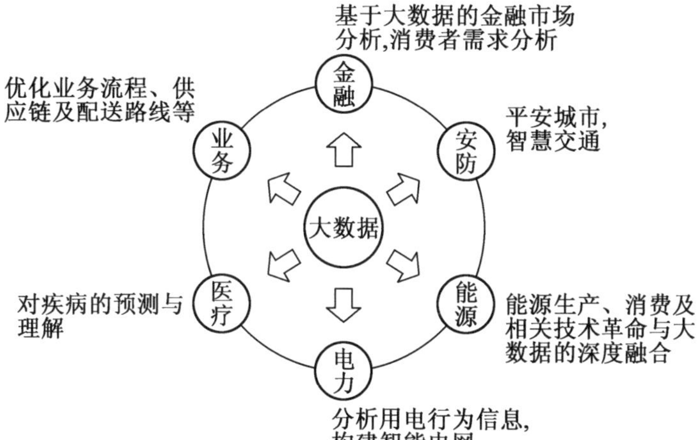

图3 大数据应用类型举例

图4　摄像头

现在通过视频监控、视频大数据,可以破案。它还可以干很多事,表情识别、行人识别、异常行为检测、人体动作识别、手势识别、刷脸。现在大家天天在社会上活动,摄像头会盯住你这张脸。犯罪分子就不这样,他会戴上面罩、帽子,如果我们很多人出来都戴着口罩,这样摄像头就照不到我们的脸了。如果大数据进行人脸分析时,发现每个人都戴面纱,最后会有什么问题?小偷也戴面纱,找不到了。但是实际上还有很多数据没有被伪装就被采集去了,所以这些数据统计出来是有意义的。在军事上也会带来很大问题,比如说以前的 Google 地图,它可以明确标出各个国家地面的飞机场,一共有多少架飞机停在那里,但是现在采用数字伪装,就看不到了。未来老百姓也用数字伪装计算,那基于视频大数据的很多统计就不会像现在这么准了。

2. 基因大数据

大家可能知道深圳有一个华大基因公司,是检测基因的公司,不只是检测人,还测量其他生物的基因。这个基因序列中的碱基有几十亿个。这个基因像天梯似的,结构要折叠,到底在几十亿个单位中的哪个位置折叠?折叠的方式是什么,角度是多少?不同的基因片断与什么病、什么性状有什么关系?

现在世界各国在构建自己国家的基因库。中国人有十几亿,也需要构建一个这样的基因库。这就像标本库一样,需要测很多个体的基因序列。现在我们国家第一期是10 万人基因库,英国和美国都已经在做50 万人的、100 万人的了。这个做完以后,会有很多应用,如 Internet of DNA。我们每个人的基因就像一个 IP 地址一样,连成网络,连成网以后,比如说你今天感冒了,感冒了以后怎么治疗?把你的特征、基因,送到这个网络上去匹配。很多人也得过类似病,谁跟你最接近,哪种治疗效果最好,就把这个治疗方案发给你,这样对你的治疗就更精准了,而这些与基因大数据密切相关。

四、大数据的思辨

探寻大数据,逆流而上追根溯源,人类已经走过几千年的实验科学,走过了几百年的理论科学,而今科学家被淹没在多种不同来源的数据中。从实验科学到理论科学,从理论科学到计算科学(图5),从计算科学再到数据密集型科学,我们可以透过科学研究四范式,了解亟待解决的新一代科学理论。

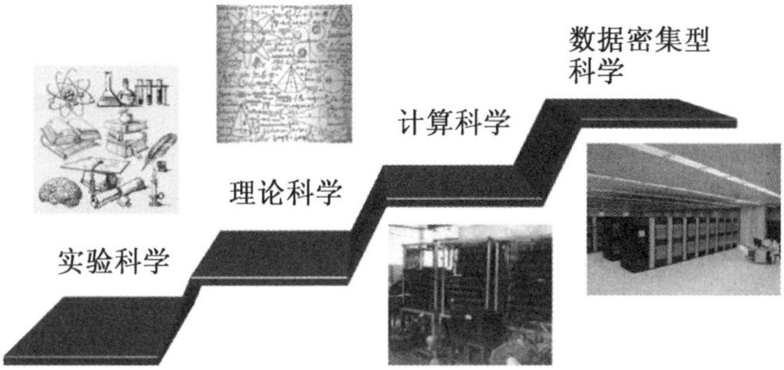

图5　大数据发展演进

伽利略在比萨斜塔上做了"两个铁球同时着地"的实验,得出了重量不同的两个铁球下落速度相同的结论,这就是实验科学;接下来是理论科学,物理里面还有实验物理与理论物理之分;然后出现了计算机,用计算机做很多研究,这是科学计算;然后现在到数据密集型科学。

比如景泰蓝,它的相关工艺非常复杂。如果有人想仿制一个,那么怎么仿制呢?偷窃秘方会涉嫌违法。我们可以通过收集足够多的加工过程的数据,通过大数据的分析,重建加工系统。在不同的生产环节加装传感器来收集数据,从第一道到最后一道工序一直到产品出来,只要产生的数据收集得足够多,通过建立仿制生产线,收集同样阶段的数据进行比较,再不断改进减小两组数据的对比误差,就可以实现原有工艺的高精度的仿制。所以大数据在工业控制,以及工业生产里面是非常有用的。

思辨大数据,机会与挑战并存。在数据研究之中,存在七大关键挑战:大数据的结构描述与维度表示、大数据的粒度分析和知识理解、多类型大数据的关联与融合、如何获取有价值的数据标识、数据的不断挖掘和学习、数据及时高效地处理和分析、大数据的学习算法与理论。在数据安全之中,存在三大核心问题:隐私泄露风险增加、现有存储与安防措施待考验、数据本身成为攻击手段。大数据里面还有安全的事,例如刚才说的数据保护、数据隐私、隐私泄露风险加剧。所以现在有学者提出陆海空之外,还有一个网络空间。那么网络空间有没有主权呢?时间关系这里不去讨论,留给大家思考。

前面一直都在讲大数据,大数据确实十分有用,确实需要引起社会的重视。但是到底哪些事情跟大数据相关?就我的角度讲,主要有五件事:第一,怎么得到大数据,如果无法有效地获取大数据,那么后续的工作都无法开展;第二,获取完大数据之后,需要进行大数据的存储;第三,大数据的处理;第四,大数据的传输;第五,大数据的隐私保护和安全。

五、大数据与人工智能

大数据与人工智能携手并进揭开了新篇章。2016 年,AlphaGo 以高超的计算能力和缜密的逻辑判断击败世界围棋顶尖人类高手李世石,掀起了人工智能的浪潮。AlphaGo 结合了深度学习、强化学习和蒙特卡洛树搜索算法,同时使用策略网络和价值网络两种深度神经网络实现了围棋领域的突破。机器博弈作为人工智能的重要领域,通常可以分为完备信息博弈和非完备信息博弈。AlphaGo 所触及的围棋领域就隶属于机器博弈中的完备信息博弈范畴。

1. AlphaGo 引发人工智能研究浪潮

人工智能领域机器学习相关的研究由来已久,结合现有的大量数据,研究人员进行了广泛的研究。

DeepMind 团队的崛起是这一次人工智能热潮爆发的原因之一。DeepMind 团队是 Google 用 4 亿英镑收购的。他们在 2016 年的时候在 *Nature* 上发了一篇文章,主要讲的就是计算机如何下围棋,而他们团队研发的人工智能围棋工程就是 AlphaGo。AlphaGo 在 2016 年以 4:1击败了人类的顶级棋手李世石(图 6)。其智能核心主要基于三个技术:深度学习、强化学习、蒙特卡洛树搜索。深度学习和强化学习的任务是构建两个网络,即 Policy Network 和 Value Network。通过 Policy Network 进行快速决策,通过 Value Network 进行局面评估,最终由蒙特卡洛树搜索框架将它们组织起来,这就是 AlphaGo 的基本构架(图 7)。

图 6　AlphaGo 和李世石进行人机对战

蒙特卡洛树搜索的主要作用是在问题空间中进行抽样搜索。例如:在车站安检的流程中,随机抽查一些旅客的身份证信息。由于人数太多,对每个人进行检查是不现实的,只能通过抽查的方式对车站安全状况进行一个整体评估。

但是,人工智能在围棋领域取得了突破并不意味着人工智能技术就达到了顶峰。

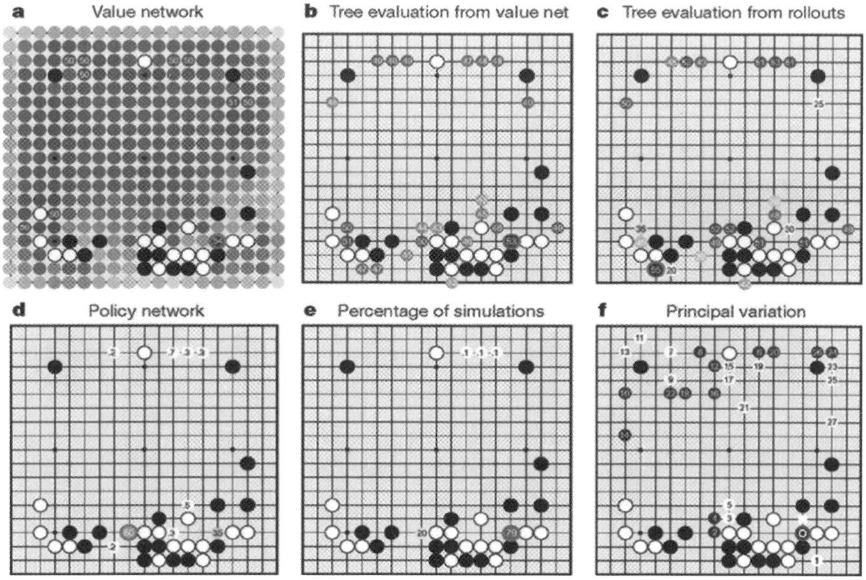

图 7　AlphaGo 的布局思路

2. AlphaGo 背后的技术

实际上在 2015 年的时候,DeepMind 团队就做了一项工作,发表在 *Nature* 上的文章"Human – Level Control Through Deep Reinfocement Learning"对此进行了描述。DeepMind 的 AI 在 Atari 的游戏平台上面完全靠自学而不是编码,学会了玩 49 种视频游戏,并通过深度强化学习算法,在 23 种游戏中击败了人类的职业玩家(图 8)。

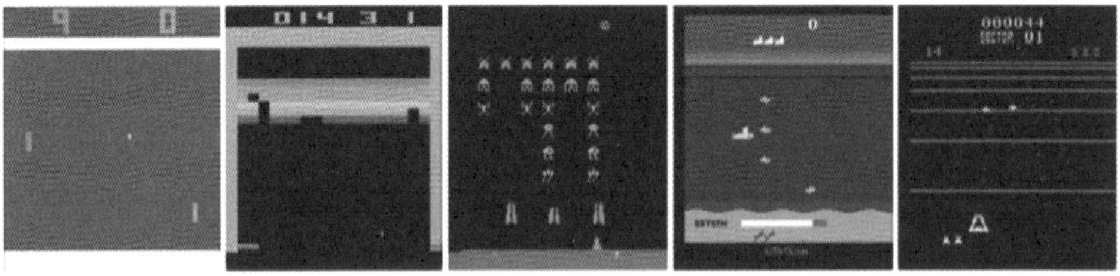

图 8　Deep Mind 团队在 Atari 平台上学习的游戏

DeepMind 团队后续的成果正是这项工作的延续。图 9 是一个卷积神经网络,一面是输入,一面是输出,中间有很多由节点和连接权重构成的隐藏层,构成了这样一个深度神经网络。

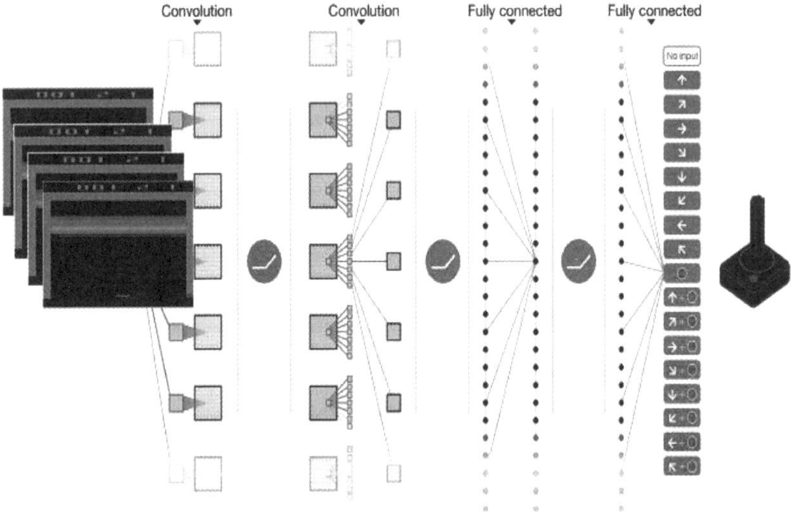

图 9　深度神经网络

网络的输入是游戏屏幕上一帧一帧的图像。比如说第一个节点送入第一帧，第二个节点送入第二帧，第三个节点送入第三帧，基本模仿了人类视觉的连续输入过程。网络的输出就是人类在游戏中可以做的各种动作。例如用游戏杆操作游戏，那么上下左右就构成了网络的输出集合。构建好的网络训练从随机动作开始，通过不断的学习反馈出不同输入情况下各种动作的收益。经过大规模的训练，有可能是100局甚至1万局乃至更多，最终实现超越人类的机器博弈人工智能系统。

我们说现在谈到人工智能经常提到深度学习，什么是深度学习？怎么算是深度？神经网络的层数越多，我们就说它深度越深。有人问为什么网络层越深越好，可不可以越宽越好？直白讲，为什么这个网络不可以很平很浅，而是很多层很深呢？网络越深它的容量就越大，可以学习的东西就越多，包括很多细微的、潜在的、不为人所知的东西。原来的网络受限于硬件及训练算法的影响，无法充分发挥深度学习网络的优势。相当于往水面上扔一颗石子，水的波纹随着传播越来越浅，如果没有好的方法进行控制，其传播作用会很快失真乃至失效。深度学习网络最重要的改进就是训练算法可以把残差传播得更远，所以它的深度可以设计得更深，层数会更多，进而解决更多的复杂问题。

形象地讲，神经网络的本质是拟合一个从X到Y的函数，这可能是一个很复杂的函数，我们可以用网络去无限逼近这个函数。刚才举例的Atari游戏，一帧一帧图像就相当于X，执行的动作相当于Y。深度神经网络的作用就相当于构建一个从输入图像X到执行动作Y直接的映射关系的函数。

从技术角度来讲AlphaGo无疑是人类科技发展中的重大事件，取得了举世瞩目的成绩，但是从另一个角度看它也是一个非常成功的商业炒作。为什么Google炒作AlphaGo能炒得这么热？因为人类和动物相比，最为自豪的就是我们大脑中的智能，这导致了AlphaGo在围棋领域超越人类的时候引起巨大的轰动。有些观点认为机器人代替人，其实是不会出现的。为什么？AlphaGo和李世石下棋的时候，李世石在旁边拿一瓶水，可能喝一杯咖啡，到中午休息的时候出去吃个汉堡，也可能什么都不吃，需要的能量可能到不了1 000卡，但是AlphaGo一运行起来，后面的机器用电量非常大。所以他俩的能耗是不平等的。我们人类具有比较低能耗的高级智能,有的人饿一天还挺聪明,机器断一下电它就完了。

总结一下刚刚用深度学习构建的人工智能(图10):第一,神经网络是对人类大脑神经元的一种模拟。我们通过输入刺激,控制传播的权值和激活的阈值,调整整个神经网络的工作方式。输入层、输出层、隐藏层,层数越多、深度越深,能够构建的系统就越复杂。第二,深度学习离不开大数据,如果给定足够多的输入输出对,深度学习网络的训练就会更加高效,那就是大数据的效用。第三,端到端,输入的是一个一个像素,无须以往的特征提取。不再需要传统系统那样的预处理及中间过程的特殊处理,这也是深度学习的优势所在。

3. 机器博弈与人工智能

围棋博弈是完备信息博弈,就是当前博弈环境中的全部信息,包括棋盘、棋子以及对手的行动等信息都是透明公开的。与之相对的就是扑克类的博弈,对手手牌、牌堆中未发出来的牌,都是无法获知的,因此整个博弈环境的信息是不完全的,这类博弈被称为非完备信息博弈(图11)。

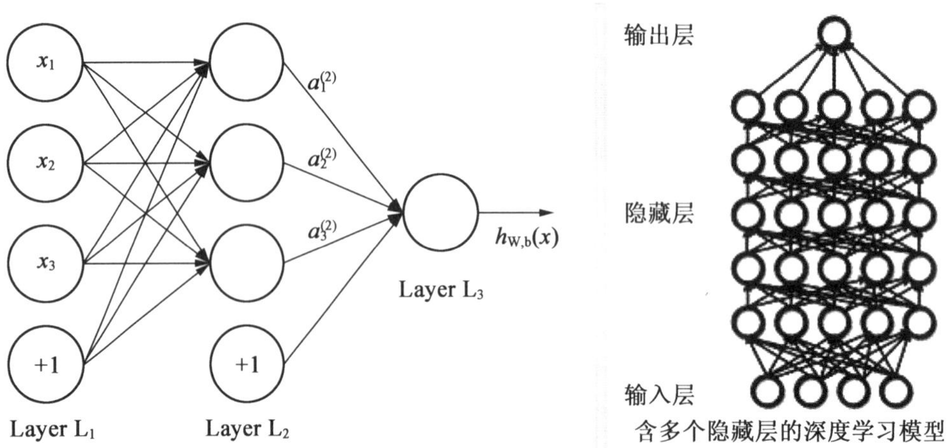

图10 神经元网络和深度学习模型

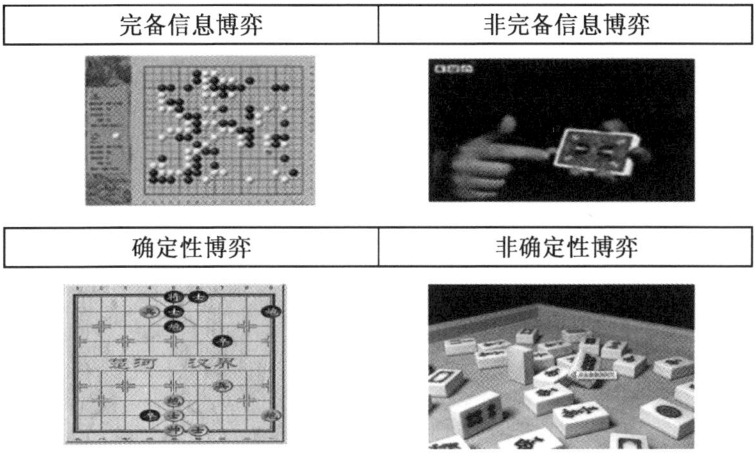

图 11　博弈类型

我的实验室也实现了一个类似 AlphaGo 的围棋智能体。仔细想 AlphaGo 这个智能体,它是不是解决了最难的博弈问题? AlphaGo 为什么不挂在网上,大家随时都能够跟它比赛呢? 这样会有问题。如果不断用一个我们自己开发的 AI 程序跟它下棋,下到一定程度的时候,我们的程序就学会了它的智能,而且可能学到的算法比 AlphaGo 还强。我们课题组按照 AlphaGo 的算法构建了一个围棋 AI 博弈系统。由于无法和 AlphaGo 直接进行比赛,我们用下面的方法来评估我们的系统与 AlphaGo 的智能水平(图 12)。图中暂时没标号的就是已经摆下的棋子,现在轮到白棋走了。Top1 ~10 是在当前的局面下机器博弈程序给出的第一候选到第十候选。

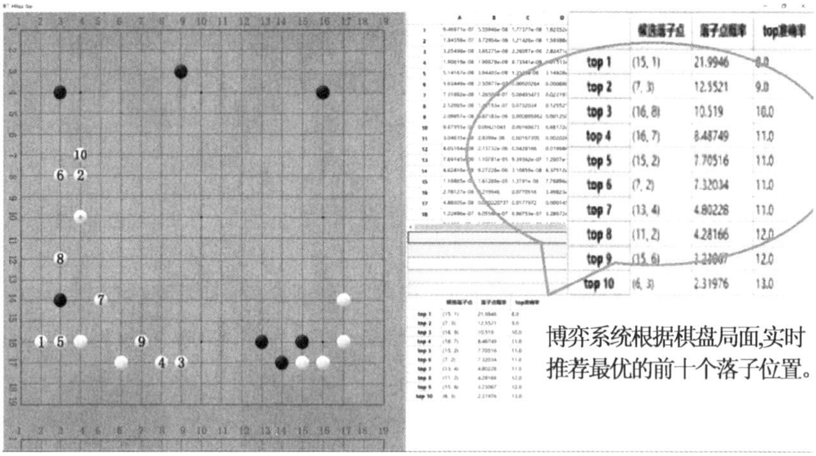

图 12　AlphaGo 围棋智能体分析系统

那么我们的系统能做到什么程度？AlphaGo 与李世石下了五盘棋,输了一盘棋。其中在最为关键的一手棋的分析中,AlphaGo 实战中的走法没有进入我们系统的前十名候选。我们的系统评估出 AlphaGo 的这手棋是有问题的,很有可能是它的程序存在 BUG 导致的。正是 AlphaGo 这手棋的失误导致了李世石唯一的一盘胜利。

虽然 AlphaGo 取得了巨大成功,但是围棋并不是最为复杂的博弈问题。相比之下,非完备信息博弈问题更为复杂,其研究也更有意义。它代表了所有博弈问题中广泛出现的信息看不清、看不到、看不准、看不全等信息获得不全的情况。在经济、军事等领域中很多实际问题都是非完全信息博弈。

六、人工智能展望

我们最后谈谈人工智能的发展。人工智能发展到现在,大家都在说人工智能很热门,但是人工智能到底有什么问题或者说它的发展趋势是什么？有几个观点仅供大家参考。第一个从浅层智能到深度智能,从简单的视觉、听觉、感知、信号计算分析,模式识别到模拟人脑认知机理,实现自主学习,推理思考预备、决策。像推理的、思考的、预测的、决策的,有一些比较高级的智能目前还不能实现这些功能。第二个是专用人工智能到通用人工智能。专用人工智能是什么？我们做一个围棋的智能体，它就会下围棋，做一个象棋的，它就会下象棋。但是人是一个在各方面都具有一定智能的综合性智能体。通用的人工智能正是向这个目标做进一步的深入研究。第三个是从线下智能到云上智能。我们现在有云计算，可以把下象棋、下围棋、下跳棋的程序放到云端。假如你现在碰到一个人，他要跟你下围棋，你就直接告诉云端，现在下围棋，系统会把围棋的 AI 程序推送过来。如果他要跟你下象棋，系统就会把象棋 AI 推送过来，这种叫从线下智能到云上智能。这个在工业控制等领域里面有重要的意义。

提问环节

【主持人】谢谢王轩老师，按照我们的惯例，接下来还有一个互动的环节，有没有哪些听众，就刚才讲座里面涉及的一些知识点，想跟王院长进行一个互动？还是和原来的要求一样，你想好你的问题，一两句话把你的问题概述出来，不要做过多的展开。因为时间关系，先挑出三位，在提问之前简单地介绍一下自己是来自企业单位还是大学城的学生，有需要提问的观众可以举手示意一下。

【观众】我是来自校外的，请问一下王院长，人工智能现在有两个方向：一个是特征提取，是由人来实现的；另一个是刚才说的卷积神经网络，是由电脑自动提取特征的。我想请问这两个方向，哪个更有前景，请您分析一下。

【王轩】刚才讲端到端的神经网络，端到端不需要特征提取，所以这里有一个好处，你看到什么，拿到什么，就输入什么，然后它就会自动学习。但是有一个问题，它的解释性不好，学习了一大堆参数，但是这些参数每一层到底对应什么，现在搞得不是很清楚，这就是深度神经网络的解释性问题。但是你要人工提取，解释性会好很多。两者的结合也是值得研究的。

【观众】王院长您好，我想问一下有关图像处理的算法，能否用 AI 进行处理？因为有一些图像处理的过程很简单，我觉得能够使用 AI 处理，您觉得能否用 AI 来处理图像？

【王轩】是可以的，这方面的研究工作已经很多了。其实深度学习网络，最开始应用最好、最成功的就在视频和图像里面。

【主持人】现在是第三位，刚才两位都是校外观众，看看校内的观众们还有没有问题。

【观众】王院长您讲得特别好,人工智能是 1956 年提出来的,到现在应该是 60 多年了,经过了两次低潮、两次高潮。第一次高潮就是深度学习,第二次就是 AlphaGo,包括后面的 AlphaGo Zero。从强化学习到自主学习,其中模型和数据是我们研究的重点。

我现在提出一个问题,我们用大量的数据训练一个好的分类器,用这个分类器来解决新的分类问题,这是基于大数据的。还有一种,基于小数据、小样本、无样本,我也能训练出一个好的分类器。所以我现在的问题就是,在这种情况下,是模型重要还是数据重要?

【王轩】模型和数据都很重要。模型可能还会有很多创新,包括以前有人做了很多模型,以前的问题是没有足够多的数据,现在大数据一出来,大家就“狂欢”了。但是刚才讲了,数据如果采不到,采不全,在对待未知的世界或者是空间时往往会遇到这样的问题,这时需要建模。

但是我们自己观测就一定是正确的吗?很多时候有误差,要建立误差模型,还有不平衡样本、小数据样本,所以这些情况还是需要有一些模型。

绿色发展理念与实践

主讲人:胡建新

讲座时间:2018 年 5 月 12 日

讲座地点:深圳大学城图书馆四楼 413 报告厅

主讲人简介

胡建新,招商蛇口高级顾问,教授级高级工程师。曾任招商蛇口首席绿色低碳官,招商地产副总经理、香港招商局地产集团副总经理等职务。1992 年人事部有突出贡献中青年专家并享受国务院政府特殊津贴,2009 年获得深圳市首批国家级领军人才认定。长期致力于绿色人居理念研究与实践,从事房地产与建筑管理工作 30 多年,主持、参与多个有行业影响力的项目策划与建设。2004 年组织主编并出版了《绿色地产之路》。2014 年联合发起成立了蛇口社区基金会,推动绿色和谐社区营造。

主要内容

中国共产党第十八届中央委员会第五次全体会议,确定了创新、协调、绿色、开放、共享五大发展理念,绿色发展成为五大发展理念之一。五大发展理念与联合国 2030 年可持续发展议程 SDGs 提出的人类、地球、繁荣、和平、伙伴关系的五大理念相融相通。本讲座介绍了联合国 2030 年可持续发展议程之 SDGs11《可持续城市和社区》目标和人居三《新城市议程》及精明增长(Smart Growth)10 大原则等绿色发展理念,结合袁庚老先生 1988 年提出的"将蛇口建设成最适合人类居住的地方"的蛇口实践样本,与大家探讨新时代的绿色发展问题。

一、绿色发展导向

以下是近年一些比较突出的绿色发展政策导向。第一个是 2015 年 4 月发布的《中共中央 国务院关于加快生态推进文明建设的意见》,这里面提出要协同推进新型工业化、信息化、城镇化,农业现代化、四化基础上加了一个绿色化。并在这里面也强调了习总书记经常讲的“绿水青山就是金山银山”观点。到了 2015 年 10 月,党的十八届五中全会,在“十三五”规划建议中,首次提出了五大发展理念:创新、协调、绿色、开放、共享,绿色发展在其中一个很重要的位置上。同年 12 月,全国召开了城市工作会议,这是改革开放后的第二次城市工作会议,会议强调一是尊重自然、顺应自然、保护自然;二是提高城市发展的持续性和宜居性,这些都是跟绿色发展理念直接相关的。

2016 年 9 月,在 G20 中国峰会上,首次将绿色金融引入了会议议程,通过金融政策支持绿色发展。2017 年 5 月,在“一带一路”国际合作高峰论坛上,由中国政府和联合国环境署共同发布建立“一带一路”绿色发展国际联盟的倡议,意在加强国际合作,共建绿色“一带一路”,实现共赢发展。同年 10 月,党的十九大提出建设“美丽中国”,其中“新时代坚持和发展中国特色社会主义的基本方略”之第九个方略是“坚持人与自然和谐共生”,建设生态文明是中华民族永续发展的千年大计,更是把绿色发展的理念和一些政策导向都列出来了。如树立和践行绿水青山就是金山银山的理念;坚持节约资源和保护环境的基本国策;像对待生命一样对待生态环境;统筹山水林田湖草系统治理;实行最严格的生态环境保护制度及环保一票否决制,不以牺牲环保来发展 GDP,这是底线;形成绿色发展方式和生活方式;建设美丽中国,为人民创造良好生产生活环境;为全球生态安全做出贡献;坚持走生产发展、生活富裕、生态良好的文明发展道路,这是我们坚定不移要走的绿色发展道路。

现在政府开展机构改革和部门调整,党的十九大报告提出加强对生态文明建设的总体设计和组织领导,设立国有自然资源资产管理和自然生态监管机构(自然资源部和生态环境部),完善生态环境管理制度,统一行使全民所有自然资源资产所有者职责,统一行使所有国土空间用途管制和生态保护修复职责,统一行使监管城乡各类污染排放和行政执法职责。这使得在生态文明建设和自然环境保护方面可以有抓手,是史无前例的,可以看到中央对坚持绿色发展的决心和信心。

以上就是2015年、2016年、2017年三年来一些与绿色发展理念紧密相关的政策导向。

二、绿色发展理念

(一)可持续发展

1. 可持续发展定义

1987年世界环境与发展委员会(那个时候联合国环境署还没有成立),在《我们共同的未来》的报告中,首次将可持续发展定义为:“既能满足当代人的需要,又不对后代人满足其需要的能力构成危害的发展。”它系统阐述了可持续发展的思想。换句话说,可持续发展就是指经济、社会、资源和环境保护协调发展,既要达到发展经济的目的,又要保护好人类赖以生存的大气、淡水、海洋、土地和森林等自然资源和环境,使子孙后代能够永续发展和安居乐业。可持续发展的核心是发展,但要求在保持资源和环境永续利用的前提下实现经济和社会的发展。这跟中国传统的“天地人和”理念是非常一致的。我在跟外国朋友交流时,拿出书法“天地人和”四个字给他们讲解的时候,他们很激动地说,这就是最古老的可持续发展理念。

2. SDGs与深圳市建设国家可持续发展议程创新示范区

2015年9月份在联合国可持续发展峰会上,通过了联合国2030年可持续发展议程SDGs,涵盖了17个可持续发展目标,以及169个子目标,其内容可以归成五大类:人、地球、繁荣、和平及合作伙伴关系。这五个方面与我们的创新、协调、绿色、开放、共享五大发展理念相通相融。

2016年中国政府率先出台了中国落实2030年可持续发展议程的国别方案,接着2018年3月份国务院批准了深圳市建设国家可持续发展议程创新示范区,深圳要重点针对资源环境承载力和社会治理支撑力相对不足等问题,集成应用污水处理、废弃物综合利用、生态修复、人工智能等技术,实施资源高效利用、生态环境治理、健康深圳建设和社会治理现代化等工程,统筹各类创新资源,深化体制机制改革,探索适用技术路线和系统解决方案,形成可操作、可复制、可推广的有效模式,对超大型城市可持续发展发挥示范效应,为落实2030年可持续发展议程提供实践经验。

《深圳市可持续发展规划(2017—2030年)》正式发布,规划直面深圳目前面临的发展瓶颈,确定了深圳将建设社会主义现代化先行区、创新驱动引领区、绿色发展样板区、普惠发展示范区的战略定位。在规划中,深圳为可持续发展列出了清晰的“三步走”路径:到2020年,成为国家可持续发展议程创新示范区的典范城市,经济、社会及环境可持续发展质量达到国内领先水平;到2025年,成为可持续发展国际先进城市,绿色发展模式进一步完善,创新驱动对经济增长的内生动力持续强化,新兴产业主引擎作用更加突出,安全高效的城市运行体系不断优化,市民有更多实实在在的获得感;到2030年,成为可持续发展的全球创新城市,可持续发展达到国际一流水平,形成一系列可以向全球推广复制的可持续发展经验。

深圳规划共有32个指标,分为四大类:创新驱动、社会发展、城市发展、生态文明,其中至少有6个指标发展空间比较大,如跟科创有关的重大科技基础设施,从2016年的3个到2030年要达到12个;居民的人均可支配收入从2016年4万多元要提高到2030年的10万元;安全生产方面,亿元GDP生产安全事故死亡率累计下降比例,从2016年的20%到2030年要提升到75%;资源消耗方面,如万元GDP的水耗值从10.22立方米要降到2030年的5.56立方米;生活垃圾资源化利用率,从2016年的55%要提高到2030年的90%,这与我们的生活息息相关,难度极大;空气污染方面,细颗粒物PM 2.5的年均浓度从2016年的每立方米27微克要降到2030年的15微克,这个指标是非常难达到的。世界卫生组织WHO27提出PM 2.5的控制值,第一阶段的目标是年均每立方米35微克,深圳达到了,第二阶段是年均每立方米25微克,第三阶段是年均每立方米15微克,最后达标是年均每立方米10微克。根据WHO发布的2014年数据,全球只有13个国家达到年均不超过10微克的标准,连美国都达不了标。

3. SDGs11可持续城市和社区10个目标

我们再来看看联合国2030年可持续发展目标,17个目标中的第11个目标,即SDGs11,叫可持续城市和社区,其目标是建立包容、安全、有风险抵御能力和可持续的城市及人类住区。城市发展的现状和挑战是目前全球人口的一半约35亿人生活在城市中,到2030年大约是60%的世界人口约50亿人将居住在城镇地区,今后几十年约50%的城市扩张将发生在发展中国家。目前有8.28亿人居住在贫民窟,这一数字还在不断地上升,世界上城市面积只占地球陆地的2%,但是能源消耗却高达60%~80%,并产生75%的碳排放量。快速的城市化对淡水供应、污水处理、生活环境和公众健康等都带来了压力,2014年90%的城市居民呼吸着不符合世界卫生组织安全标准的空气,就是前面提到的没达到年均每立方米10毫克的指标。

但高密度人口城市可以带来效率的提高和技术的创新,同时减少资源和能源的消耗,所以人口的聚集、城市的发展是一个势不可挡的大趋势。深圳处于粤港澳大湾区的核心,深圳的人口实际上只会多不会少。

SDGs11 可持续城市和社区有 10 个具体目标,其中只有第 9 个目标是计划到2020 年的,其余目标都是计划到 2030 年的。

目标 1:到 2030 年,确保人人获得适当、安全和负担得起的住房和基本服务。

目标 2:到 2030 年,向所有人提供安全、负担得起的、易于利用、可持续的交通运输系统,改善道路安全,特别是扩大公共交通系统。

目标 3:到 2030 年,在所有国家加强包容和可持续的城市建设,加强参与性、综合性、可持续的人类住区规划和管理能力。

目标 4:进一步努力保护和捍卫世界文化和自然遗产。

目标 5:到 2030 年,大幅减少包括水灾在内的各种灾害造成的死亡人数和受灾人数,大幅减少上述灾害造成的与全球国内生产总值有关的直接经济损失。

目标 6:到 2030 年,减少城市人均负面环境影响,包括特别关注空气质量、废物管理等方面。

目标 7:到 2030 年,向所有人,特别是妇女、儿童、老年人和残疾人,普遍提供安全、包容、无障碍、绿色的公共空间。

目标 8:通过加强国家和区域发展规划,支持在城市、近郊和农村地区之间建立积极的经济、社会和环境联系。

目标 9:到 2020 年,大幅增加采取和实施综合政策与计划以构建包容、资源使用效率高、减缓和适应气候变化、具有抵御灾害能力的城市和人类住区数量。

目标 10:通过财政和技术援助等方式,支持最不发达国家就地取材,建造可持续的、有抵御灾害能力的建筑。

上面目标 5 讲的是减灾的问题。中国政府在这次机构改革里专门成立了应急管理部,专门管理防灾、减灾及救灾。今天 5 月 12 日这个日子,也是中国减灾防灾日,纪念十年前的汶川大地震,更重要的是提醒我们对灾害的预防和控制。

(二)绿色发展理念相关的 4 个十大原则

1.“新城市议程”十大原则

联合国人居署每20年召开一次人居大会，人居三就是第三届联合国人居大会，于2016年在厄瓜多尔首都基多市召开。此次会议通过了新城市议程，提出了很接地气的十个原则：我们想要什么样的城市？从使用者和居住者感受的角度提出来，挺有意思的。

原则1：我们想要社会包容和有参与性的城市。

原则2：我们想要清明、公开和公平的城市。

原则3：我们想要有经济活力的城市。

原则4：我们想要有统一和民主管理方式的城市。

原则5：我们想要的是推动联动地区发展的城市。

原则6：我们想要有城市特征并且具有地方风貌的城市。大家在出差的时候发现多数的机场和高铁站几乎都是千篇一律的，没有城市特征。到现在为止，我最喜欢的一个机场就是厦门老机场。厦门的建筑有一个特色的大屋顶“嘉庚帽”，是当年陈嘉庚先生从南洋回来，投资建设厦门大学校园留下来的这种大屋顶，所以美其名曰“嘉庚帽”。厦门的老机场就是一个很好看的、有“嘉庚帽”这样的城市风貌特征的建筑，而且机场小巧玲珑，不用走很久就能上飞机。

原则7：我们想要设计合理、适合步行并拥有便利的公共交通系统的城市。我们现在所在的图书馆像一座桥，跨过了流沙河，估计设计师是想让我们从河的一边走到另一边，在知识的长河里流连忘返吧。

原则8：我们想要的是安全和健康的，并且能够增进居民福祉的城市。

原则9：我们想要的是会学习和创新的城市。

原则10：我们想要的是资源再生和富有弹性的城市。城市的弹性主要是它抵御灾害的能力，如我们的城市下一场大雨会不会出现洪涝灾害？所以我们要建设海绵城市，这就是增加城市的弹性。资源再生，深圳可持续发展实验区规划的32个指标里就有生活垃圾资源化利用率的考核指标，就属于资源再生的范畴，这也从一个侧面说明我们深圳的城市发展是与世界同步的。

2. 新城市主义十大原则

这是美国新城市主义委员会CUN倡导的。讲到CUN，需要讲一个人，六十多年前她写了一本书——《美国大城市的死与生》，轰动了全世界城市规划界。她是一名女记者，没读过建筑规划，她就是大名鼎鼎的简·雅各布斯女士！她的这本书在中国翻译之后不断地再版，不断地印刷，有时候还断货买不到。这本书是一个非专业人士在批评城市规划和管理,唤醒了我们对城市规划的再认识,颠覆了很多城市规划专家的理论和方法,这本书真的值得一读。这本书的出版风靡全球,是对城市规划和建设管理的批判、讨论、反思。美国在 1993 年成立了一个非营利性组织——美国新城市主义委员会,他们提出了《美国新城市主义宪章》和新城市主义十大原则。

原则 1:可步行性(Walkability)。

原则 2:可连接性(Connectivity)。

原则 3:混合用途和多样性(Mix - use & Diversity)。

原则 4:混合住宅(Mixed Housing)。

原则 5:高质量的建筑设计、城市设计(Quality Arch & Urban Design)。

原则 6:传统的邻里结构(Traditional Neighborhood Structure)。

原则 7:增加密度(Increased Density)。

原则 8:智慧交通(Smart Transportation)。

原则 9:可持续发展(Sustainability)、开发及其实施手段对环境冲击尽可能小(这个跟我们现在提倡的海绵城市有关)。

原则 10:生活质量(Quality of Life)(这个跟我们现在追求美好生活一样)。

图 1 是一个经典的美国新城市主义提倡的社区规划图,这里画的圆半径是 400 米,其覆盖的面积为 160 英亩,就是大约 1 000 亩的土地,这是 400 米半径的步行社区,里面有住宅、学校、教堂、社区中心和购物中心、公园以及交通设施等公共服务。

3. 精明增长十大原则

Smart Growth 最早是美国提出来的,中文翻译有精明增长、理性增长、聪明增长、智慧生长等等。2015 年底中央城市工作会议上要求我们树立“精明增长”的城市规划与管理理念。有计划、节约资源式的城市发展,作为解决城市不可持续发展的一种对策,正在被越来越多的决策者、规划师和开发商所接受。这里我归纳了十条基本原则来定义其所希望达到的效果,与前面的新城市议程我们想要的城市有相通的地方,都是我们能直接感受且比较接地气的东西。

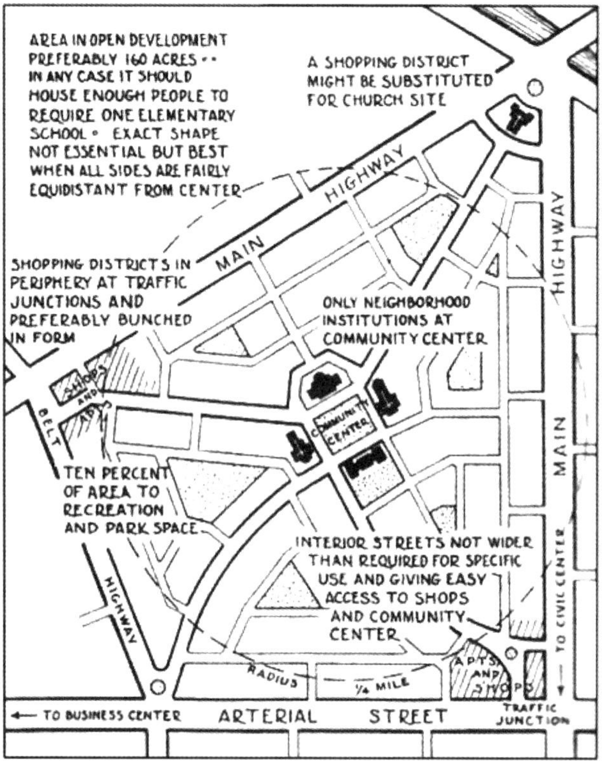

图1　美国新城市主义提倡的社区规划图

原则1:加强并鼓励在现有社区中发展,防止城市无边界蔓延。

原则2:鼓励可以步行、紧密连接的社区。

原则3:利用现有的社区资源。

原则4:保护空地、农田、自然景观和重要的环境自然保护区。

原则5:提供多种交通选择。

原则6:混合使用土地(Mixed Use),混合功能的土地使用。

原则7:提供多种档次的房屋,照顾不同收入阶层的居住需求。

原则8:提供有特色、有吸引力的社区建设。

原则9:有关开发的决策,不能多变,要公平并具成本效益。

原则10:鼓励公众和利益相关者参与开发决策。

4. 一个地球生活十大原则

这是英国一个非营利性组织 BioRegional 和世界自然基金会 WWF 联合发起的。一个地球生活十大原则有一些要求是比较高的,如第一个零碳排放,第二个零废弃物排放。

原则 1:零碳排放(Zero Carbon)。

原则 2:零废弃物排放(Zero Waste)。

原则 3:可持续发展交通(Sustainable Transport)。

原则 4:本地与可持续发展材料(Local & sustainable materials)。

原则 5:本地食物(Local and Sustainable Food)。

原则 6:节水(Sustainable Water)。

原则 7:保护生物资源(Natural Habitats and Wildlife)。

原则 8:传承文化(Culture and Heritage)。

原则 9:公平贸易(Equity and Fair trade)。

原则 10:健康愉快的生活(Health and Happiness)。

BioRegional 与时俱进,把一个地球生活十大原则重新做了修改和排序如图 2 所示。

图 2　修订后的一个地球生活十大原则

(三)《绿色生态城区评价标准》(GB/T 51255—2017)

今年 4 月 1 日开始执行的国家标准《绿色生态城区评价标准》,从土地利用、生态环境、绿色建筑、资源与碳排放、绿色交通、信息化管理、产业与经济、人文这八个方面,加上技术创新来做评价,评价这个地区是否符合绿色生态的理念和相关要求。标准主要有五个方面的创新点:

(1)根据当地的气候、地址、资源进行生态本底条件系统分析,对山体、河流、湖泊、湿地提出了划定三区四线。三区即禁止、限制、适宜建设区;四线即蓝线、绿线、黄线、紫线。

(2)提出了"使用强度"这一概念,对城区内不同区域土地使用强度、人口密度提出要求,保障良好的城市环境质量。

(3)明确土地的复合功能,对土地实行混合开发,建设用地至少含有 R 类、A 类、B 类三种用地类型。

(4)根据"窄马路、密路网"理念,提升城区(工业区外)的路网密度,分为每平方千米 8 千米、10 千米、12 千米三档。

(5)考虑城区"热岛效应"及城区空气质量环境,将连续的开敞空间(山体、河流、湿地、绿地、街道)打造成为城区通风廊道。

该标准除规定自然生态(生物多样性、绿化、湿地、基地保水)外,还纳入了社会日益重视的大气环境、地表水环境质量、区域环境噪声、垃圾处理、热岛效应、二氧化碳排放这些环保因素。

环境噪声问题是很多人不以为然的事,但是实际上很多人的耳朵都有不同程度的损伤,而且这些损伤是无法恢复且无法治疗的,所以噪声带来的问题是现代城市病之一,它也是社会文明水平的表现。

三、绿色发展的实践

(一)绿思想

蛇口从改革开放前的荒滩野岭发展到如今山海间的绿色家园,是社区从无到有的过程。我们讲到蛇口的可持续发展,一定会讲袁庚老先生。15 年前,我当时为了编《绿色地产之路》这本书,寻找素材的时候去拜访袁老,请他回忆是什么时候提出"将蛇口建设成最适合人类居住的地方"的理念,当时老人家已经想不起来了。后来涂俏为了《袁庚传》的出版,翻阅了大量的原始资料,找到了这句话的出处。1988 年夏日,在蛇口五星级南海酒店,袁庚会晤专程来访的美籍华人、诺贝尔化学奖获得者李远哲先生。当被问及建设蛇口的初衷时,袁庚有一段精彩的告白:“……最早应该从 1978 年底开始,我们聚集了一大批有志之士,在‘振兴中华’口号的鼓舞下,在这里实行开放政策,从事一项探索性的工作,把它作为‘试管’,寻求一条有中国特色的社会主义道路,使得这个地方成为人类最适宜居住的地方。”涂俏在书中还引出了袁庚的另一句话:“袁庚告诉我,当年选定蛇口开办工业区,就想在变革中打开富裕之门,后来才考虑到最终还是要淡化工业回归生活,使蛇口成为最宜于人类居住的地方。”我们现在唯 GDP 论英雄,实际上我们最终还是要回归到对美好生活的追求! 在这点上,袁庚老先生在 1988 年,就已经看到了这样的问题,所以他真的是一个很伟大的人! 在改革开放 40 周年之际,大家读读《袁庚传》,挺有意义的。

袁老在 2007 年的秋天,专门给我们连续举办的中外绿色人居论坛题词“自然生活、天人和谐”。老先生当时 91 岁高龄,认人已经有些障碍了,但还是很睿智的,我们当时请他题字,落笔他就写了这八个字,而且我们一读到天人,想到的肯定是“天人合一”,这里他写的是“天人和谐”,有他的讲究。感恩他老人家为我们招商人的绿色人居之路指明了方向!

我们追求的绿色人居开发原则,是适用、经济、美观,首先是适用,其次是经济,最后才是美观。我们的目标是高舒适、低消耗、低影响(对环境的影响)。我们有一个绿色开发三结合的原则:第一个是理念与实践,跟我今天讲的主题是对应的;第二个是精神与物质,正如上面袁老讲的,搞工业区,最后还是要回归生活,这里面有物质和精神方面的一些追求;第三个是国际与本土,我们要有国际视野,但是要有本土智慧,本土智慧里面的被动设计优先——因地制宜,很多是可以从本土智慧里面去找答案的。

中国土地比较宽广,跨越了五个气候带,从南到北的夏热冬暖地区、夏热冬冷地区,到寒冷地区、严寒地区,然后在云贵高原这边,还有一个温和地区。这五个气候区有不同的环境策略,如我们处于夏热冬暖地区,最重要的有遮阳、隔热与通风。遮阳与通风,大家都很明白,夏天这么热,你站在树荫底下,微风吹拂下就觉得很凉快,所以这个就是我们生活的智慧,这是在我们这个气候区里面,绿色建筑的被动式设计中最重要的。

招商人的绿色人居里程碑,正是从绿思想、绿建筑到绿社区、绿生活,一步一个脚印走过来的,绿生活就是我们现在所说的美好生活阶段吧。

（二）绿建筑

案例1：招商局蛇口工业区的第一栋办公楼，是1981年建成的，这是蛇口码头附近的一栋楼，当年叶剑英元帅为它题词，到现在还在用。在2012年我们做了一次蛇口写字楼调研，发现这栋楼的年单位面积能耗是最低的，每平方米才39 kW·h。我要说明的是此楼坐落在海边，坐北朝南，一方面是自然通风和自然采光设计得非常好，另一方面是这里面办公的人比较少，使用人数少，能耗自然也比较低，这跟它的使用功能有关。重要的是使用者的节能习惯好，经常开窗进行自然通风和采光，少开空调和照明灯，还有物管公司的节能管理比较到位，维护保养做得好。30多年的楼，至今电梯和中央空调等主要设备运行良好，仅是室内装修翻新过。

案例2：2005年中国第一栋由开发商建成并经国际认证的绿色建筑——蛇口的泰格公寓（图3）。该项目用了计算机模拟技术和遮阳、通风等被动式设计及主动优化技术。通过计算机模拟优化设计，在院子里增设了游泳池，采用屋顶和垂直绿化及透水砖地面等设计，小区热岛强度从原来的1.7 ℃大幅度降低到只有0.3 ℃。通过寿命周期成本方法，选用了空气源热泵热水器，而没有用太阳能热水器。当时我们找了很多厂家来开会，在帮我们出谋划策的时候，很多空调厂家还不知道我们提出的空气源热泵热水器是什么，现在这个技术已经走进了千家万户。该项目还采取了分质供水，与国际接轨，每家每户的水龙头都是直饮水，处理直饮水的尾水用于冲厕所，根据浇花洗地和景观水的需求设计人工湿地的规模，处理部分生活污水。

该绿色建筑项目取得了高舒适、低消耗、低影响的效果，吸引了大量外籍家庭入住，出租率常年保持在96%以上，高租金还一房难求。

案例3：全国绿色建筑创新奖一等奖——蛇口南海意库三号楼（图4），我们招商蛇口的办公楼。这栋楼获得了很多绿色建筑奖，设计与运营都是绿色建筑三星级认证，去年我们翻新使用九年后，还获得国内第一批健康建筑认证二星级。这里面有很多技术，其中大量的被动式设计，如大楼中间打开楼板敞开了中庭，增强了自然采光和自然通风，设计了一些遮阳板，立体绿化用最经济实用的爬山虎，冬天它的叶子掉了，阳光可以晒到外墙采暖，而夏天的时候它茂密的叶子长出来，可以遮阳，所以它是一种气候变化自适应的技术。这个项目包括南海意库其他几栋楼，我们很早就在不同的楼栋做了不同的立体绿化方式的尝试，大家有兴趣可以到现场参观。

图 3　泰格公寓

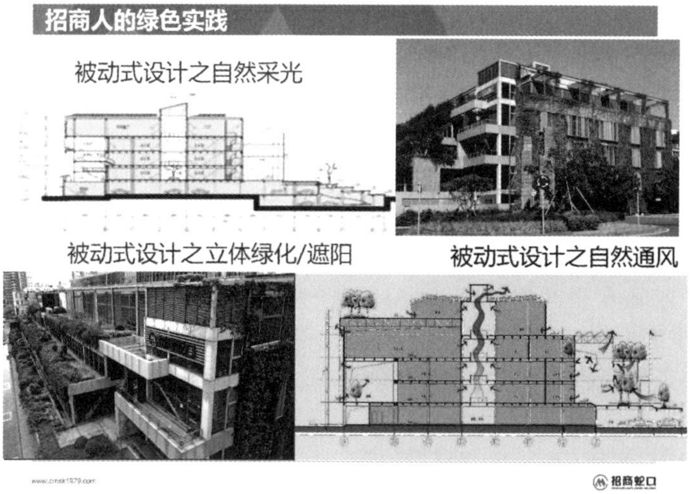

图 4　南海意库三号楼

该项目首次大规模应用清华大学江亿院士发明的温湿度独立控制系统来调湿和调温，噪音低、舒适度高、能耗低。全年能耗是每平方米 80 kW · h 左右，相当于同地区同类写字楼一半的用电量。该楼的污水还是零排放的,我们有两个人工湿地来处理大楼生活污水,用于浇花洗地及冲厕所,其他全部达标排放。

(三)绿社区

案例1:蛇口海上世界片区,这里相当于蛇口的商业中心区CBD,我们坚持蛇口开发的小尺度、多样性、宜步行的策略,从点线面去体现绿色宜居。

与前面介绍的几个十大原则很多对应的,比如紧凑开发、功能混合、自然生活、绿色交通等等。这里什么功能的楼都有,住宅、办公楼、酒店、商业、学校,还有地铁公交站点、运动休闲,应有尽有。

绿色空间设计,与上面绿色生态城区评估标准里面提到的一致,即要有一些城市空间通廊,这里已经考虑了山海间的绿色通廊。我们强调400米和800米半径生活圈,在居住地可以做到"四个走路"——走路上班、走路上学、走路购物、走路休闲。

案例2:"前港中区后城"开发模式,这是我们招商局集团在"一带一路"上推广的模式。"前港"指港口,可以是集装箱港、油轮母港、航空港等的交通枢纽;"中区"就是产业园区;"后城"指城市,就是我们的居住和配套社区城区。当然了,里面不同的区域有交叉,所以这是符合混合开发理念的,"四个走路"在这里基本上可以达到。还有就是骑单车、乘公交地铁等非常丰富的绿色交通出行,这些都可以满足。

蛇口工业区几次转型,包括从1979年1月份开始办工业区,到引进外来的企业、培育本土企业,进行产业的调整,引进培育高科技、创意产业等产业,到形成自贸区的转型升级需5个阶段。

文创产业和互联网物联网等高科技产业,是蛇口目前最集中发展的产业领域,也包括全国央企双创示范基地。在南海意库,聚集了大量的设计类企业,各种各样的文创企业在那里聚集,还有文创集市。网谷引进了中关村双创街,吸引了苹果华南研发中心、IBM、飞利浦、日立等很多高科技企业的华南区域总部选址落地,雀巢(中国)研发中心也于昨日签约。

讲到前港-中区-后城,一定要讲绿色港口,因为航运和港口是碳排放大户。2012年4月,交通运输部船用供电系统暨绿色低碳港区启动仪式在蛇口集装箱码头SCT举行。岸电-船用供电系统,就是船舶靠岸以后,要改用岸上电力供应,而不是用船上的燃油发电机来供电,这个是很重要的绿色低碳措施。招商局港口下属的SCT,在国内率先推广这种岸电技术,还有油改电技术,就是码头的吊车、叉车等设备,现在都将原来的用油改为用电了。再有 LNG 的巴士和拖车、比亚迪的纯电动车、LED 的照明节能灯等绿色低碳项目,都已经在不断地尝试应用与推广。

根据 SCT 提供的油改电项目效果数据显示,年节能为 11 410 吨标准煤,年减少二氧化碳排放 26 544 吨,单位集装箱的综合能耗大幅度下降,从一个标准箱 4.05公斤标准煤降到了 1.26 公斤,这个数据是非常可观的。通过节能减排的改造,港区大气环境的监测结果达到了国标的一级标准,等级属于优。

有关资料显示,港口城市有 40% 的二氧化硫来自船舶排放。我这里综合有关研究报告,提出对港区监管的三条政策建议:(1)船舶靠港后,强制使用港口的岸电,维持其在港期间的能源供应;(2)船舶排放控制区从 12 海里扩大到 100 ~ 200 海里宽;(3)严控排放控制区内船舶燃料油的硫含量,使其降低到 0.1% 以下。(备注:关于绿色生态城市开发的三废处理与零排放,因为篇幅所限这里就省略了。)

(四)绿生活

上面从理念到实践介绍了一些技术上的问题,下面我想跟大家探讨一下关于从物质到精神,到社会治理方面的问题,我想通过蛇口社区基金会的案例来说明我们的探索。

社区基金会有三种模式:一是企业主导模式,如深圳桃源社区;二是政府主导模式,如光明新区的凤凰社区;三是居民自主模式,如蛇口社区基金会,在全国是比较具有代表性的。

蛇口社区基金会的成立,我是 13 个倡议人之一。基金会已从 13 人发展到 89 人。从 2014 年底成立到一年后注册完成(图 5)。

图 5　蛇口社区基金会图标和二维码

这个基金会的定位:(1)孵化社区各种社会组织(本地培植包括引进);(2)资助社区各种公益慈善项目;(3)支持社区居民参与社区公共事务的自治治理。它主要关注几大类问题:(1)社区公共环境与公共设施建设;(2)节能环保,绿色生态;(3)养老;(4)特殊教育,如智障儿童、学习障碍儿童教育;(5)贫困家庭的资助;(6)弱势群体的维权;(7)社区急救与健康;(8)兴趣活动组群;(9)社区历史和文化建设;等等。

我们基金会的收入里,除了社区居民捐献外,还有政府与企业的购买服务和赞助,到2017年,后半部分的收入已经过半了。开支里最大的资助是《袁庚传奇》纪录片的拍摄,现在已经完成了1~4集,很快会完成5~6集。蛇口改革开放博物馆的展品征集,其中有邓小平同志坐过的椅子。蛇口社区无车日,大人小孩在街道上玩耍等等。

设立全国首创的社区无车日。2016年9月22日第一次举办无车日活动,2017年举办第二届,以后每年都会在9月22日世界无车日期间做这样的活动。这个活动的宗旨是增强人们的环保意识,了解汽车对城市环境造成的危害,鼓励绿色出行,促进居民交往,提高生活质量。我们向政府有关部门申请海上世界和附近约一千米处的街道在无车日当天封路,公交车改道,私家车禁行,把街道开放给居民和社区组织及机构,搞各种各样的社区嘉年华活动,街道就像舞台、公园和欢乐的海洋!吸引了本地居民和很多游客,包括外国朋友。

蛇口现在有一个社区公益日,就是在袁庚老先生的诞辰——每年4月23日举办社区公益日,公益日有做公益的,还有一个"美好社区公益项目大赛",大家可以做提案:争取基金会资助我做什么。两年来,申请项目总数41个,资助项目19个。蛇口社区基金会是一个以资助型为主的基金会。

前面讲了一些社区基金会发起做的项目,我们还有从国内其他地区引进的项目,如引进台湾的慈济基金会在蛇口设了环保教育站,招商蛇口给它提供了三年免费使用的一个旧房子,然后他们改造成为环保站。他们举办环保读书会,每周三晚上7点半到9点半,大家有兴趣可以去参加。还有暑假小孩的环保教育类活动。环保站把带动社区居民、落实垃圾减量和资源分类回收作为最重要的任务之一。他们也举办一些培训,包括政府选派一些干部来参加环保培训。他们的一个理念叫作"以人为美,守望相助",关怀贫困家庭的活动,跟蛇口社区基金会联合搞社区帮扶。还有一个理念是用鼓掌的双手做环保,让垃圾变黄金,黄金变爱心。

环保交易站的一些活动效果,举例来说,定期参加读书会后,妈妈们开始变得少欲知足,参加各类活动后懂得省下金钱,将家里的可回收物带到环保站,落实不买、少买、循环再用的环保理念。还有一帮退休老人更快乐,老人是环保站的宝,他们说来环保站做环保没烦恼!这些人穿着白色的裤子、深蓝色的上衣,都是环保站通过回收旧的塑料瓶,然后资源再生做出来的衣服。而且他们的分类分得很细,他们从十个方面来进行生活垃圾分类,还有一句顺口溜:瓶瓶罐罐纸电1357。它有很多细分的解释,大家有兴趣可以去参观学习,我看过大学城的一些学生也有去参加活动的报道。

两年来,他们组织的活动,包括环保站的值班、环保读书会、环保宣导等等,参加的总人数有18 000多人。针对垃圾回收、资源回收统计的数字比较少,主要有三方面问题:一是宣传发动工作和公众参与还不够;二是储物空间不够,就是收集回来的东西没地方放;三是资源终端回收商太少,收回来的东西没人要,没人来采购,这是一个很大的原因。有一家他们美其名曰"回收哥"的公司突然倒闭了,结果有一些东西收了以后没人再回收。他们在别的地方能够形成自循环,就是有车、有工厂来做这些事,慈济在这边没有,在深圳好像只有三四个环保站,所以形不成规模。

6月5日是世界环境日,今年联合国环境署提出的口号叫作"塑战塑决"。其宣传口号是:"和一次性塑料分手""不能重复使用干脆不用"。我们原来环保叫3R:Reduce、Reuse、Recycle。这次联合国环境署与慈济环保站提的一样,再增加一个Refuse,就是拒绝使用。还有一个,这是我很欣赏的一个——Replace,修复利用,就像中国的传统:"新三年,旧三年,缝缝补补又三年",实际上跟Replace是完全吻合的。所以如果我们的环保能从原来的3R扩大到4R、5R,我们的社会一定会更美好。

总结:

袁庚老先生讲过,蛇口发展是从人的观念转变和社会变革开始的。最后我引用蛇口社区基金会秘书处在2016年首届无车日活动总结报告写的一句话来结束我的讲座:蛇口是我永远的城市,蛇口人提出了"时间就是金钱,效率就是生命"的理念,开启改革开放之门。今天,蛇口人开始探索幸福城市之路。蛇口是一直在前面的灯,你的点滴支持和参与,能给它一直亮着的勇气。

提问环节

【主持人】感谢胡总的分享!胡总在这里没有慷慨激昂的陈词,只是娓娓道来如何践行绿色发展理念,他的数据、图表都充分地表明,在我们的身边,在蛇口这样一个社区,有一群人正在践行着这样的一种绿色生活理念。其实我们也可以这么做,我们每一个人都能够从讲座中有所获益,这也是我们最大的希望。接下来就是互动的时间。

【观众】胡总您好,我前一段时间看到招商蛇口发布《蛇口老镇的城市更新》,我不知道这个项目以后是不是会采用您说的绿色建筑,请问实施和时间有没有一个具体的规划,谢谢。

【胡建新】谢谢你的提问!蛇口老街的更新,已经披露过好多次了,但是因为现在大家都知道的原因,还有一定的难度,时间表就不好说了。绿色建筑,我相信在这里面是能够体现出来的。我参加过一些研讨会,我觉得在原有步行社区机理上,应该会有一定的保留和体现。现在能到处随便开车、不堵车的城区已经很少了,所以我们尽量还是得用两条腿走路,加上地铁等公共交通,这种绿色出行方式,我相信是一定要坚持的。

【观众】胡总好,刚开始讲城市理性增长的时候,您提到了十条基本原则,这十条基本原则当中的第七条,说是提供多种档次的房屋。我们现在深圳的房屋网上一搜,全是每平方米六万的、七万的,八九万的,前海那边十几万,我们要搜一个每平方米两三万的房屋,根本搜不到。我想问一下胡总作为蛇口招商局的高层领导,这种每平方米两三万的房子在蛇口有没有?深圳政府会不会提供?谢谢。

【胡建新】不好意思,这个确实牵扯面比较大,但是我有关注,因为我是做房地产的,我也需要住房,所以我也在关注,到底哪里的房子便宜。政府有安居房、保障房,我最近看到相关信息,转给了年轻又没有房的同事。在深圳有单价18 000元左右的政府保障房,这是有要求的,你不能拥有商品房,不能先买商品房。如果你符合条件是可以排队申请购买的。

蛇口一直有廉租房,从袁庚老先生开发蛇口的时候就有了,租金比市价低,但是现在确实供不应求。现在还有人才公寓,政府有一些规定,公司必须在市值租金的百分之多少以下收租。深圳还有一个市场,很特殊的一个市场,就是小产权房,我看到政府现在也在收购。政府有一个安居集团,他们也在收购一些房子,正尽快推出安居房、保障房。在深圳生活,住房问题确实是一个很大的问题,我非常理解,谢谢。

【观众】我想提一个问题,我们怎么样在城市的建设中去传承中国一些古建筑?深圳好像城市更新很快,但是让我们重温历史,这个地方的古文化、古建筑就显得很少了。还有一个,城市更新是不是每个地方会形成自己的特色,而不是千篇一律的高楼大厦?

【胡建新】你的问题很好,我也经常思考这样的问题。我们在改造南海意库的时候,在兴华路这条路北侧的南海意库的一号楼,专门在一楼做了退缩,做出岭南建筑的特色骑楼,大家可以去体验一下,那里有一些餐饮店。骑楼在深圳确实比较少,在广州会多一些。深圳这些古建筑罗湖原来老电影院附近那一带好像保留得还不错,有一些传统建筑的特点。

我个人非常反对城市更新容积率不断增加,因为深圳非常缺地,所以容积率不提高也不行,但是我觉得应该有一个限度,而不是无限度地去增加容积率,因为这里面不仅仅是居住舒适度的问题,还有一个城市安全问题,一旦有灾难的时候,高楼大厦密集的地方,我们怎么躲?这是一个很值得重视的问题。大家都可以看到,城市现在有很多公园和空旷的地方,设有避难处,当你周围都是高楼大厦的时候,你的避难处在哪里?你能跑到那里吗?这个也是我非常关注的问题,谢谢你的提问。

【观众】胡总您好,您今天讲座的信息量还是挺大的,我是从事环保这个行业的,您刚才提到的城镇污水厂、垃圾回收、人工湿地,这些我在实际工作当中都接触过,我想问的问题,也是一直以来困扰我的问题。我们在环保这个领域,技术发展的趋势是什么?我想了解一些新技术在环保这方面的应用。还有一个问题,我怎么去拓宽,找到这个渠道,更好地为环保服务。

【胡建新】感谢你从事环保行业!你的问题比较大,我都不知道怎么回答你,因为你是环保从业者,我实际上是兼职的,我的本科和研究生读的是建筑结构工程,我的环保、绿色低碳、生态这些知识,都是一边工作一边学习积累的,包括跟专家交流学习,但还需要向你们学习。

今天参加讲座的朋友,前排的崔先生,他搞厨余垃圾处理小型设备研发与商业模式探索;这边还有一位女士,是搞屋顶绿化、屋顶农场的。林博士是搞绿色建筑的专家,这几位都是在绿色环保方面有所作为的,会后你可以再请教一下他们。

我想讲一点发展方向供大家参考。日常生活中,我们天天用电,在座的各位现在离开手机就没法活了,我们用的是什么?用的是直流电,但是我们周边全是交流电。实际上LED照明灯用的是直流电,电脑、电视用的也是直流电,我们的低功耗终端设备,基本上都是直流电,包括我手上拿的话筒也是用直流电。历史上很有趣的两位大发明家爱迪生和特斯拉,大家知道现在的特斯拉汽车是直流电的车,但是特斯拉本人发现的是交流电。大家都知道电灯是爱迪生发明的,其实爱迪生发现的是直流电。现在点亮电灯的是交流电,所以大家以为交流电是爱迪生发明的,大家可能对此有误解。特斯拉汽车用的只是特斯拉的名,与发明者完全无关。

我为什么讲这么多?因为我非常喜欢直流电,我读高中时,在校办工厂就搞蓄电池。直流电有太多好处了!前面我讲到噪声,我们每家每户的空调机的噪声,实际上里面用的主要是交流电机,它带来了直接的机器噪声。如果用直流电机,噪声会大幅度下降。我刚才讲的低功耗的直流电末端设备,如果我们周围都是直流电,每台设备都可以减少变压器、整流器,成本降低了还节能、节约空间。我们现在出差带多少个充电器?有了直流供电,一条线就搞定了。当然科技进步,无线充电已经成为可能。个人认为,如果石墨烯技术发展快一点,直流供电的发展和普及会很快。

因为时间关系,我不能再讲了。谢谢大家!

【观众】我想向您请教一个垃圾分类的问题。我在您PPT里面看到一个厨余垃圾,是把它压缩成一块饼,还有一种模式,我接触过,是把厨余垃圾打碎,通过管子输送到一个终端进行处理。我想比较一下,这两种分类处理的优劣性。

【胡建新】把粉碎机安装在洗菜盆底下,将厨余垃圾打碎,直接排放会导致两大问题:一是下水道容易堵塞,二是增加城市污水厂的处理负担。这两个问题是我们目前都难以解决的问题,所以不提倡用这样粉碎直排的设备。在座的崔先生正在研发的也是安装在洗菜盆底下,厨余垃圾经粉碎后可将固体回收的设备。现在样机出来了,产品化到上市和推广,还需要大量的科研和政府各方面的支持。

刚才没时间讲,我在同一个PPT里面,右下角是杭州的做法,实际上深圳也在这样做,希望通过生活垃圾分类,把厨余垃圾单独拎出来,然后单独用车送到一个地方集中处理。深圳已经有这样的厨余垃圾处理厂,但分类和回收工作没做好,所以厂办了以后吃不饱。杭州的那个,我看了报道,记者专门做实地调研,20分钟内,从厨余垃圾里面,能找出皮鞋来。这样就很麻烦,分类和运送、处理、资源化利用,这个过程还是有很多问题要解决的。

所以我看到崔先生那个方法,觉得很激动、很好,在每家每户的源头把问题解决掉,比在后面造成的问题越来越多、越来越难处理时解决要简单得多。很多东西都是需要从源头去处理的,比如说一次性塑料,我们大家少用就好了。为什么要用?为什么我们以前可以不用,现在好像缺了它不行?这是一个生活习惯的问题,所以生活方式的节能和环保,是我们每个人都能做的事,希望大家可以从我做起,“塑战塑决”,坚决拒绝用塑料或者少用,减少带来的很多问题。

【主持人】关于刚才这个问题,我也有一个补充。我也经常到国外去旅游,在国外,像美国、加拿大、新西兰、澳大利亚这样的很多地方,它们从市政上解决这个问题。就像胡总刚才说的,用不同的管道,有的管道是脏水、污水,另外有一个粉碎机,厨余垃圾全部要求打碎,不能把厨余垃圾放在垃圾桶里。也就是说,我们的垃圾桶必须分开,这是塑料,这是纸盒,这是玻璃瓶,厨余垃圾是不能出现在垃圾桶里的。厨余垃圾怎么办?就是要粉碎,粉碎以后通过特殊的管道,直接排放走。它这个跟我们不一样,我们是直接排放到下水管道里。我们现在的市政工程可能无法解决,一些未来的建筑也许会直接采用这种管道式排放,也许就可以解决这个问题。